JACQUES BOUCHER

SIEUR DE GUILLEVILLE ET DE MÉZIÈRES

TRÉSORIER GÉNÉRAL DU DUC D'ORLÉANS, EN 1429.

SA FAMILLE, — SON MONUMENT FUNÉRAIRE,
SON HÔTEL DE LA PORTE RENART OU DE L'ANNONCIADE.

SOUVENIRS ORLÉANAIS DU TEMPS DE JEANNE D'ARC

PAR

M. BOUCHER DE MOLANDON

OFFICIER DE L'INSTRUCTION PUBLIQUE
MEMBRE DE LA SOCIÉTÉ ARCHÉOLOGIQUE ET HISTORIQUE DE L'ORLÉANAIS
MEMBRE NON RÉSIDANT DU COMITÉ DES TRAVAUX HISTORIQUES

ORLÉANS

H. HERLUISON, LIBRAIRE-ÉDITEUR
17, RUE JEANNE-D'ARC, 17

1889

JACQUES BOUCHER

SIEUR DE GUILLEVILLE ET DE MÉZIÈRES

TRÉSORIER GÉNÉRAL DU DUC D'ORLÉANS, EN 1429.

10

(Extrait du tome XXII des Mémoires de la Société archéologique et historique de l'Orléanais.)

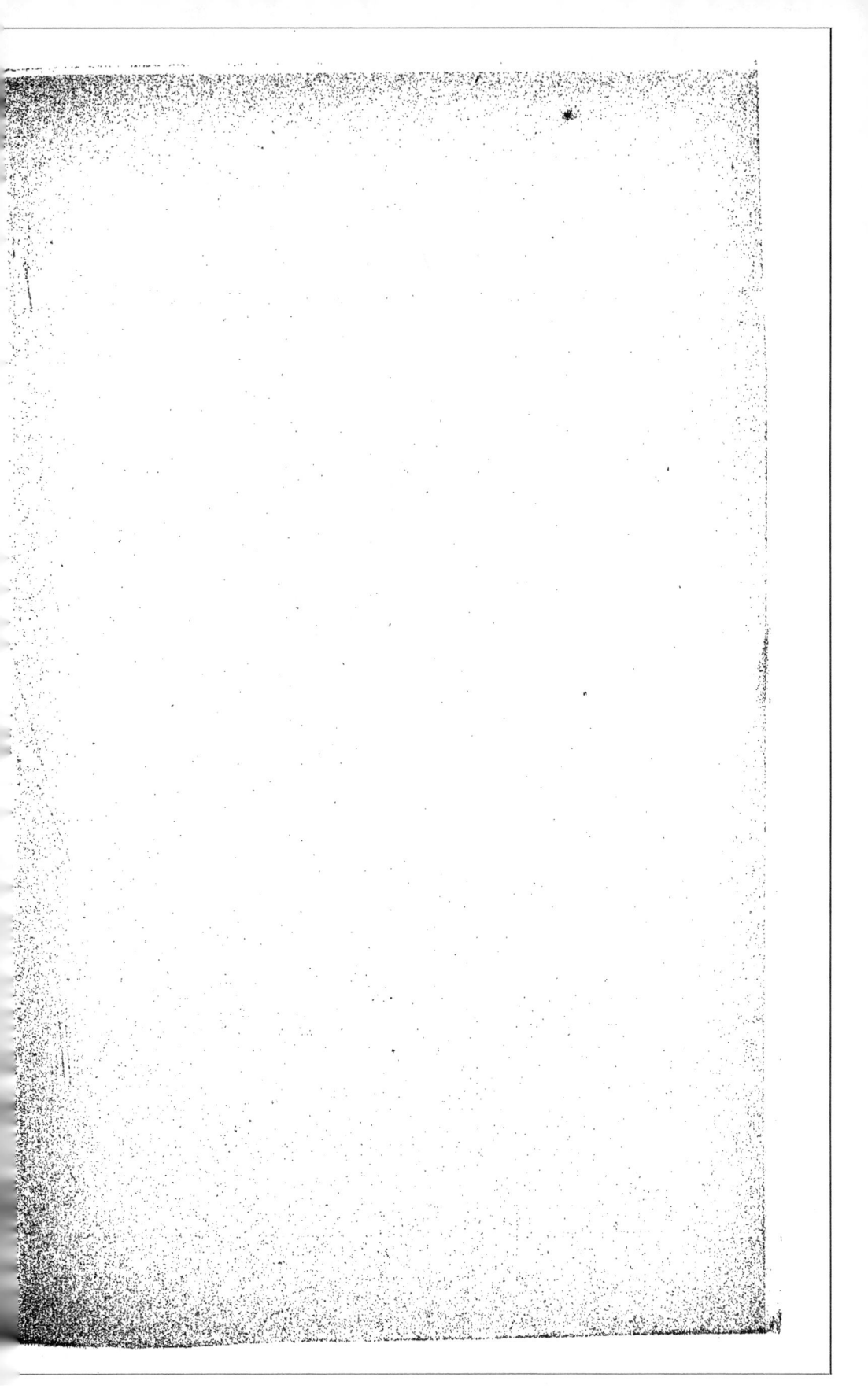

Sceau du Trésorier Général Jacques BOUCHER.

Grandeur double de l'Original.

Fac Simile de sa Signature

Tesmoing mon seel et seing manuel cy mis.

J. BOUCHER

JACQUES BOUCHER

SIEUR DE GUILLEVILLE ET DE MÉZIÈRES

TRÉSORIER GÉNÉRAL DU DUC D'ORLÉANS, EN 1429.

SA FAMILLE, — SON MONUMENT FUNÉRAIRE,
SON HÔTEL DE LA PORTE RENART OU DE L'ANNONCIADE.

SOUVENIRS ORLÉANAIS DU TEMPS DE JEANNE D'ARC

PAR

M. BOUCHER DE MOLANDON

OFFICIER DE L'INSTRUCTION PUBLIQUE
MEMBRE DE LA SOCIÉTÉ ARCHÉOLOGIQUE ET HISTORIQUE DE L'ORLÉANAIS
MEMBRE NON RÉSIDANT DU COMITÉ DES TRAVAUX HISTORIQUES

ORLÉANS
H. HERLUISON, LIBRAIRE-ÉDITEUR
17, RUE JEANNE-D'ARC, 17

—

1888

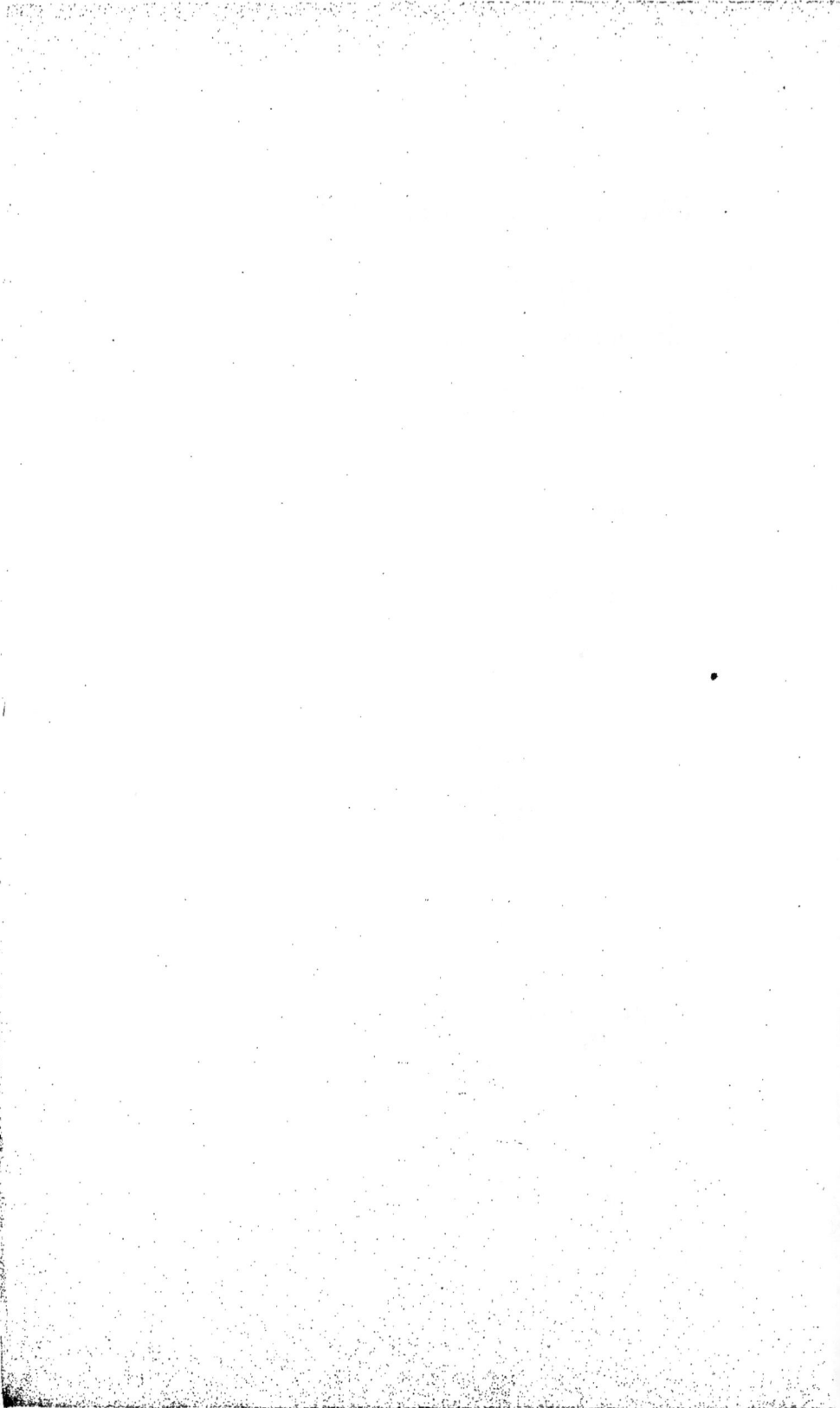

JACQUES BOUCHER

SIEUR DE GUILLEVILLE ET DE MÉZIÈRES

TRÉSORIER GÉNÉRAL DU DUC D'ORLÉANS, EN 1429.

SA FAMILLE, — SON MONUMENT FUNÉRAIRE,
SON HÔTEL DE LA PORTE RENART OU DE L'ANNONCIADE.

SOUVENIRS ORLÉANAIS DU TEMPS DE JEANNE D'ARC.

I

L'INSCRIPTION TUMULAIRE DE L'ÉGLISE SAINT-PAUL.

Un monument funéraire, auquel se rattachent quelques
souvenirs et qu'illumine un reflet du nom glorieux de la
Pucelle, érigé au XVᵉ siècle, en l'église Saint-Paul d'Orléans, détruit au XVIᵉ, lors de la dévastation de ce saint
édifice, vient, dans un pieux sentiment de famille, d'être
fidèlement restitué.

Au mur septentrional de la nef Saint-Michel, à peu de
distance de l'autel, une dalle de marbre blanc, de 1ᵐ65
de hauteur sur 0ᵐ85 de large, porte à sa partie supérieure, sculptées en demi-relief, les armoiries de Jacques
Boucher, telles qu'elles sont conservées dans nos dépôts
publics, au bas d'actes officiels, revêtus de sa signature
et de son sceau.

Dans un style héraldique, fort usité à cette époque, un
ange debout, aux ailes éployées, appuie son bras droit sur
l'écu dressé devant lui et le soutient de la main gauche.

La croix qui couronne le monument symbolise les suprêmes espérances du défunt et de ses proches.

Au-dessous de l'écusson, est gravée l'inscription funéraire, exacte reproduction du texte primitif (1) :

HOC SUB TUMULO

QUIESCIT

JACQUES BOUCHER

DE GUILLEVILLE, DE MÉZIÈRES,

DUCIS AURELIANENSIS SUMMUS THESAURARIUS ;

QUI, OBSESSÆ CIVITATIS

STRENUUS PIUSQUE DEFENSOR,

PUELLAM, OPE DIVINA LIBERATRICEM,

SUIS ÆDIBUS, SANCTI PAULI ECCLESIÆ PROXIMIS,

VENERATAM HOSPITEM ACCEPIT.

OBIIT ANNO SALUTIS MCCCCXLIII.

———

ORATE PRO EO.

———

JOHANNA LUILLIER

UXOR,

ANTONIUS BOUCHER DE GUILLEVILLE, DE MÉZIÈRES

FILIUS,

KAROLOTA, UXOR GUILLELMI HARET (2),

MAGDALENA ET MARIA

FILIÆ,

HOC MONUMENTUM MŒRENTES POSUERE.

———

Dirutum anno M DLXII — *Restitutum anno* M DCCC LXXXVII

(1) Les armes de Jacques Boucher, sculptées sur le marbre d'après le scel apposé à ses actes publics, se blasonnent ainsi qu'il suit : *d'azur au chevron d'or, accompagné, en chef, de deux têtes de maures d'argent, et, en pointe, d'une syrène aussi d'argent, soutenue d'une mer de même.*

Ces armoiries sont restées celles de sa famille.

(2) Dans sa magistrale publication des *Procès de condamnation*

Quelques détails sommaires sur les personnages du XVe siècle dont les noms se lisent dans cette épitaphe, et sur les faits historiques auxquels ils ont pris part, ne seront peut-être pas sans intérêt.

II

LE TRÉSORIER GÉNÉRAL JACQUES BOUCHER (1).

§ Ier

SON RANG, SES FONCTIONS DANS LA CITÉ;
IL CONCOURT, AVEC LE CHANCELIER COUSINOT, A LA DÉFENSE DE LA VILLE
ET DU DUCHÉ; — IL REÇOIT JEANNE D'ARC EN SON HÔTEL.

Jacques Boucher, sieur de Guilleville, en Beauce, de Mézières, en la commune de Trinay, et d'Appoigny, en celle de Coinces, trésorier général du duc d'Orléans, de 1421 à

_____

et de réhabilitation de Jeanne d'Arc, M. J. Quicherat (t. III, p. 34 et t. V, p. 525) donne au mari de Charlotte le nom de Guillaume *Havet*, — *Karolota uxor Guillelmi Havet.*

La lecture *Havet* est fautive; c'est *Hanet* qu'on doit lire.

Cette inexacte reproduction d'un nom propre est assurément excusable, le *v* et l'*n* minuscules ayant une grande ressemblance dans les manuscrits du procès. Nous ne devons pas moins rectifier ici l'erreur échappée à l'éminent éditeur. Les comptes de ville, les titres de famille, et plusieurs inscriptions tumulaires ne laissent aucun doute à cet égard.

(1) Quelques auteurs modernes, avons-nous dit ailleurs (*Première expédition de Jeanne d'Arc*, page 101), faute d'avoir suffisamment consulté les documents originaux, désignent parfois le trésorier général sous le nom de *Jacques Bouchier.* Tous les actes officiels émanés ou signés du trésorier — et ils sont en grand nombre, dans les dépôts publics et dans notre collection personnelle — portent invariablement la signature *Jacques Boucher.* Aucune équivoque

1443 (1), naquit, selon toute vraisemblance, en notre cité, où vivait sa famille. Les devoirs de sa charge et son alliance avec Jeanne Luillier, fille, petite-fille et sœur de procureurs de la ville, y fixèrent sa résidence. Des liens d'affection et de parenté l'unissaient d'ailleurs, lui et les siens, aux notables orléanais d'alors, à Jean Hillaire, à Cosme de Cosmy, à Guillaume Roillart, à Jean de Coulons, aux Compaing, aux Beauharnais, aux L'Aubespine, dont les noms, conservés dans nos récits historiques et dans l'enquête pour la réhabilitation, se retrouvent associés à celui du trésorier, dans ses actes de famille et dans les épisodes de sa vie.

Deux documents, recueillis dans les Archives départementales d'Eure-et-Loir par M. Lucien Merlet, correspondant de l'Institut, et que cet érudit archiviste a bien voulu nous communiquer, constatent qu'au début de sa carrière administrative, Jacques Boucher, cautionné par deux Orléanais, Simon de Saint-Mesmin et Jehan Berthe, occupait, en 1412, l'office de receveur des aides octroyées au duc d'Orléans en ses villes, terres et chatellenies de Chasteaudun, Bonneval, Vendôme (2).

Il aurait succédé dans ces fonctions à Pasquier Boucher, qui en était investi en l'année 1388, et dont le fils, nommé

---

n'est donc, ici, sérieusement admissible. — Au XVe siècle, on confondait souvent, dans le langage habituel, la syllabe terminale *er* avec la diphtongue *ier*. On disait ainsi *chier* fils pour *cher* fils, la ville d'*Angiers* pour *Angers*, les *bouchiers* pour les *bouchers*, *aidier* pour *aider*, *marchié* pour *marché*, etc. Cette altération se reproduisait naturellement dans les écrits usuels, mais doit être rectifiée par la critique historique.

(1) Il avait succédé, en 1421, à Pierre Rénier. Guillaume Doulce, qualifié dans quelques actes de 1441 du titre de garde des chartes, fut son successeur.

(2) Voir, *Pièces justificatives*, les documents A et A *bis*.

aussi Pasquier Boucher, fixé depuis à Orléans, était élu, en 1443, procureur de la ville, et figure dans nos Comptes de commune de 1447, 1449, etc., comme administrateur de l'Hôtel de la Monnaie. Son souvenir se rattache à un fait intéressant qui sera rappelé ci-après (page 62).

Jacques Boucher prit une part active aux graves événements dont Orléans fut le théâtre à cette époque, et, lors du siège de 1429, il compta parmi ses plus dévoués défenseurs.

Son nom est maintes fois inscrit dans nos registres de commune et de forteresse, et dans les titres de nos archives, vénérables témoins du patriotisme et du dévoûment de nos pères.

Sa fortune paraît avoir été considérable. L'acte de partage, en date du 12 novembre 1449 (1), de sa succession et de celle de Jeanne sa femme, entre leurs quatre enfants, leur fils Antoine, et leurs trois filles Charlotte, Madeleine et Marie, et la longue énumération des quatorze maisons tant à l'intérieur qu'au dehors de la ville, des métairies, des bois, des prés, des vignes, des rentes foncières, etc.,

(1) Mlle de Villaret, dans ses savantes recherches sur l'histoire de notre province au XVe siècle, a retrouvé parmi les minutes d'Arnoul Sarre, notaire au Châtelet d'Orléans de 1439 à 1458, ce curieux acte de partage, l'acte d'arbitrage amiable du même jour, proposé par trois amis de la famille et accepté par les quatre enfants du trésorier général, ainsi que le contrat de mariage entre Madeleine Boucher et Jean Le Cesne, dont il sera parlé ci-après.

Après avoir textuellement recueilli ces documents d'un réel intérêt pour l'étude de nos mœurs orléanaises au XVe siècle, et qu'à notre vif regret leur longueur ne nous permet pas de reproduire en entier, Mlle de Villaret a eu la bonté de s'en dessaisir en notre faveur. C'est un devoir pour nous de lui en exprimer ici notre respectueuse gratitude.

Voir quelques extraits de ces actes de partage et d'arbitrage, aux *Pièces justificatives* B et B *bis*.

qui en constituent l'actif, révèlent un opulent patrimoine. Le grand hôtel de la Porte-Renart ou de l'Annonciade reste en outre indivis, et les manoirs féodaux de Guilleville, Mézières et Appoigny y sont attribués par privilège au fils, conformément à la législation d'alors.

Le crédit personnel du trésorier général n'était pas moins étendu. Des actes multipliés, d'acquisitions et de ventes mobilières, d'achats de rentes et de prêts d'argent tant à de simples particuliers qu'à nos renommés capitaines, Gaucourt, Saintrailles, et surtout au maréchal de Raiz, autorisent à penser qu'à l'exemple de son célèbre contemporain Jacques Cœur, bien que, dans une mesure plus restreinte, il joignait à ses fonctions publiques un mouvement de capitaux fort important pour l'époque (1).

Cette fortune et ce crédit, fruits d'une intelligente activité dans des temps plus prospères, furent, par lui, consacrés, lors des jours de péril, à l'organisation de la résistance, aux frais d'expéditions militaires, à l'achat de munitions, de vivres et de bois de construction, pour la mise en état de défense des tours et des remparts. Il y a même lieu de croire que la garde de la Porte-Renart, sise près de sa demeure et l'une des plus menacées par l'armée assiégeante, lui était spécialement confiée (2).

(1) Minutes de Cormier, Geoffroy, Jean Bureau, Martin et Courtin (étude actuelle de Me Paillat) ; — Girault, Christophe, Arnoul Sarre, Gidoin, etc. (étude de Me Mallet, aujourd'hui de Me Fauchon) ; — Sevin, etc. (étude de Me Francheterre).

(2) Comptes de commune et de forteresse de 1426 à 1430, *passim*, et spécialement le XXXIXe mandement du compte de forteresse de 1428-1430, relatif à des travaux et dépenses de fortifications exécutés par ses ordres, la plupart à la porte Renart.

Voir quelques extraits de ces Comptes de ville aux *Pièces justificatives* C.

Fonctions du trésorier général.

Les hautes fonctions dont le prince apanagiste avait investi le trésorier général et son collègue et ami, le chancelier Guillaume Cousinot, les constituaient, en quelque sorte, durant sa captivité, les représentants civils de son autorité ducale.

Aussi voyons-nous, dans nos comptes de ville, le titre honorifique de *Monseigneur* souvent ajouté à leurs noms (1).

Le trésorier général avait pour attributions la gestion supérieure des finances. Les receveurs particuliers des duchés d'Orléans et de Valois, des comtés de Blois et de Dunois, et des autres châtellénies de l'apanage, relevaient de son autorité, et versaient en ses mains le produit des droits féodaux, des censives, des biens-fonds, des forêts et autres revenus qu'ils étaient chargés de percevoir.

Par contre, il acquittait personnellement, ou ordonnançait, par mandements adressés aux receveurs, sur les deniers de leurs recettes, les charges domaniales, les fondations pieuses, les rentes constituées, les gages ou pensions des officiers de la maison du duc et des capitaines établis dans ses villes et forteresses, les créances de ses ouvriers et fournisseurs, et les dons accordés par sa mu-

(1) « A Jacques Le Prestre, pour *douze pintes de vin présentées* à Monseigneur *le Chancelier.* » (Commune, 1424, 1426.)

« A Monseigneur *le Chancelier d'Orléans, pour six vingt et 16 livres parisis, à lui dues.* » (Commune, 1426, 1428.)

« A Monseigneur *le trésorier Jacques Bouchet, pour avoir envoyé aux procureurs de la ville les armes de Madame d'Orléans.* » (Commune, 1439, 1441.) Etc.

nificence, malgré la difficulté des temps et les désastres de la guerre (1).

Un certain nombre de ces pièces comptables, signées du trésorier général, revêtues de son sceau en cire rouge et fréquemment contresignées de la main du chancelier, nous ont été conservées et donnent de précieuses indications sur la valeur des choses et sur le traitement des fonctionnaires à cette époque.

Des mandements de cette sorte nous ont fait connaître que le Bâtard d'Orléans, *lieutenant général du roi pour le fait de la guerre dans l'Orléanais*, recevait du duc Charles, son frère, par les mains de Jacques Boucher, mille livres tournois par an, à titre de pension, payables par semestre et par avance, sur les finances du duché (2).

D'autres titres analogues, et d'une égale authenticité, nous apprennent que Raoul de Gaucourt, chambellan du roi et du duc, et gouverneur d'Orléans, recevait, du domaine ducal, pour *gaiges* ou traitement annuel, 292 livres parisis, soit 16 sols par jour (3);

Le prévost d'Orléans, Jean Le Prêtre et ses prédécesseurs, cinq sols par jour, soit 91 livres 5 sols par an;

(1) Les deux avant-propos des tomes I et II de l'*Inventaire sommaire des Archives du Loiret, antérieures à 1790*, publiés par M. J. Doinel, archiviste départemental, contiennent sur l'administration des domaines apanagistes, tant pour les recettes que pour les dépenses, des détails précis et d'un véritable intérêt.

(2) Voir *Pièce justificative* D.
Nous avons pu recueillir trois de ces précieux mandements, de formes identiques, signés de *Jacques Boucher*, munies de son sceau, et contresignés par le chancelier *G. Cousinot*. L'un, daté du 14 juillet 1432, a été publié dans les pièces justificatives de notre *Étude sur la première expédition de Jeanne d'Arc, pour le ravitaillement d'Orléans;* le second est daté du 24 mai 1433; le troisième est reproduit aux *Pièces justificatives* de cette notice.

(3) Voir *Pièces justificatives*, document E.

Le receveur du domaine au duché d'Orléans, Robin Baffart, 100 livres par an, etc.

En ce qui touche le trésorier général, nous n'avons trouvé dans les titres, qu'il nous a été donné de consulter, que des paiements partiels, où le chiffre total n'est pas formellement indiqué.

Que de pièces, soustraites à nos dépôts publics et obscurément enfouies dans des collections particulières, contiennent des renseignements d'inappréciable valeur que l'étude consciencieuse du passé serait heureuse de recueillir.

Il ressort toutefois de documents certains conservés dans nos archives que le trésorier général avait pour gaiges ou traitement annuel une somme d'au moins six cents livres, à laquelle s'adjoignaient, comme de nos jours, des remises proportionnelles sur les recettes effectuées.

Il lui était, en outre, alloué, pour son chauffage, cinq milliers de bûches évaluées six sols parisis le cent, plus quelques milliers de fagots; ou 20 livres parisis, à son choix.

Le trésorier général et le chancelier s'étant enfermés durant le siège dans la ville investie, continuaient d'y remplir leurs fonctions. Ils partageaient, avec les chefs militaires, le Bâtard et Raoul de Gaucourt, et avec nos dévoués procureurs, les soins de l'héroïque défense. C'était en leurs demeures que les capitaines et chefs de guerre se réunissaient en conseil.

Jacques Boucher occupait, avec sa femme et ses quatre enfants, *le grand hostel de la Porte-Renart*, comme il est désigné en l'acte de partage, nommé parfois aussi hôtel *de l'Annonciade*, peut-être à raison d'un bas-relief de l'Annonciation sculpté sur sa façade extérieure.

Des sculptures analogues ont été récemment retrouvées sur quelques maisons de nos anciens quartiers. Ces marques indicatives remplaçaient, pour désigner les habitations, le numérotage usité de nos jours.

Ce grand hôtel de la Porte-Renart, situé près de l'enceinte fortifiée d'alors, attenait d'un côté à la porte de ce nom, et de l'autre au presbytère de l'église Saint-Paul.

L'importance de cette habitation, en une place de guerre où les maisons étaient d'une étendue si restreinte et le terrain de si haute valeur, témoigneraient, au besoin, du rang que le trésorier général occupait dans la cité et des affaires considérables qui se traitaient en son hôtel (1).

De récentes recherches ont fait reconnaître que des liens d'alliances et de parenté existaient entre le chancelier et le trésorier général (2). Cette consanguinité, la connexité de leurs fonctions publiques, un même dévoûment au prince, qui les honorait d'une égale confiance, avaient fait naître, entre ces deux administrateurs, un cordial attachement dont une lettre, presque intime, de Cousinot à Jacques Boucher, retrouvée par M. J. Doinel dans le riche dépôt de nos archives départementales, nous a conservé, en ses formes affectueuses, un précieux témoignage. Nous la publions textuellement aux pièces justificatives (3).

(1) Voir, *Appendice I,* après les *Pièces justificatives.*
(2) VALLET DE VIRIVILLE, Notice sur Guillaume Cousinot, page 22. — Cabinet des titres. — Collection particulière de l'auteur.
(3) Voir, aux *Pièces justificatives,* le document F.

Le chancelier Guillaume Cousinot.

Le chancelier présidait à la gestion générale du duché, et spécialement à l'administration de la justice, dans ses divers degrés de juridiction, ainsi qu'à l'expédition et à l'exécution des actes officiels. Il contresignait d'ordinaire les mandements pour gages, pensions, dons et récompenses, émanés de la volonté du prince et ordonnancés par le trésorier.

Guillaume Cousinot, investi, depuis les premiers mois de 1415, de ces hautes fonctions que Jean Davy, son prédécesseur, exerçait encore en 1414, était l'un des plus zélés partisans de la famille d'Orléans et de la cause nationale.

Il ne nous sera pas refusé de consacrer quelques lignes à ce dévoué collègue du trésorier général, dont la signature est fréquemment unie à la sienne, dans les documents parvenus jusqu'à nous, et dont le nom s'associe comme le sien à ceux de nos procureurs de ville et des défenseurs de la cité, dans les souvenirs de cette glorieuse époque (1).

Avocat distingué au Parlement de Paris, Guillaume Cousinot avait été appelé par Valentine de Milan à l'assemblée convoquée par elle au Louvre, le 11 septembre 1408, pour défendre, contre les odieuses imputations de Jean Petit, la mémoire de son époux assassiné en 1407. Cou-

---

(1) Voir, pour les détails relatifs à G. Cousinot, et sauf quelques inexactitudes, la notice de M. Vallet de Viriville, en tête de son édition de la *Chronique de la Pucelle*, pages 16 à 22, etc. Paris, 1859. — Voir aussi *Louis et Charles d'Orléans*, par A. Champollion, 1841, bibliothèque de l'École des Chartes ; — la nouvelle biographie générale de Didot, etc.

sinot, après avoir énergiquement réhabilité la victime, y reprit l'offensive, à son tour, au nom de la noble veuve, contre les séides de Jean-sans-Peur.

Il devint, dès lors, un des fidèles conseillers de la duchesse et de ses enfants. A ce titre il subit les vengeances de la faction bourguignonne. Ses biens furent confisqués et donnés à Pierre de Marigny et à la dame du Quesnoy attachée au service d'Isabeau de Bavière.

Promu aux fonctions de chancelier d'Orléans, peu de mois avant la fatale bataille d'Azincourt, d'où le duc Charles, fait prisonnier, alla rejoindre en Angleterre son frère Jean, comte d'Angoulême, déjà captif depuis 1412, Guillaume Cousinot conserva leur entière confiance, et lorsqu'en 1420 le plus jeune des trois frères, Philippe, comte de Vertus, à peine âgé de vingt ans, descendit dans la tombe, il fut l'un de ses exécuteurs testamentaires.

Dans des actes authentiques de 1420 à 1439, il prend le titre de conseiller du roi et de chancelier du duc.

Durant l'investissement, il concourut avec son parent et ami Jacques Boucher à la défense de la ville; il y demeura quelques années encore après la levée du siège, pour apurer les comptes de dépense avec le trésorier général du duché et Hemon Raguier, trésorier des guerres de Charles VII.

Devenu septuagénaire, Cousinot, tout en conservant son titre de chancelier d'Orléans, résigna ses fonctions actives de garde des sceaux, dans lesquelles Pierre Sauvaige fut son successeur. Vers 1439 il était nommé, par Charles VII, président à mortier au Parlement de Paris. Il vivait encore en 1440. Sa mort et celle de Jacques Boucher furent peu éloignées l'une de l'autre.

Cousinot avait épousé Laurence Lorfèvre, fille de Pierre

Lorfèvre, chancelier d'Orléans en 1408 et prédécesseur de Jean Davy. Il en eut trois enfants : un fils nommé, comme lui, Guillaume, et vraisemblablement deux filles, dont l'une, Catherine, épousa Gassé de l'Ile, gentilhomme de Compiègne.

Le 6 juin 1431, par acte devant Guillaume Giraut, notaire, le chancelier faisait à ce fils, étudiant en l'Université d'Orléans, « pour lui aider à soustenir son état », donation entre vifs de tous les biens, sis en Beauce, confisqués sur Hugues, Guillaume et Jean, fils de feu Laurent Lami, et que le roy lui avait donnés, « pour les grant dommaiges qu'il avait eus et soufferts des anciens ennemis du royaume et autres leurs complices et adhérens, qui détenaient ses héritages » (1).

Nous verrons ci-après ce même Guillaume Cousinot, le jeune, figurer, dans l'acte de revente de l'hôtel *Saint-Martin,* devant Geoffroy Bureau, puis en 1462, dans un acte devant Tassin Berthelin, avec le titre de chevalier, fils et héritier, pour la tierce partie, de feu noble homme Me Guillaume Cousinot, conseiller du roi et chancelier de Mgr le duc d'Orléans, et de feue damoiselle Lorette, sa femme. Il y délaisse, au chapitre cathédral d'Orléans, l'hôtel de la Herse, acheté dudit chapitre le 4 mars 1429 (1430 n. st.) par le chancelier et sa femme, à rente ferme et pension de xx livres parisis, par an, durant 59 ans.

Guillaume Cousinot s'y oblige à obtenir, dans un délai de deux mois, l'adhésion de ses deux cohéritiers (2).

Les énonciations inscrites dans ces actes authentiques

---

(1) Voir, aux *Pièces justificatives,* le document G, recueilli par M. J. Doinel dans les vieilles minutes de Guillaume Giraut.

(2) Archives du Loiret. Fonds du chapitre de Sainte-Croix, registres des contrats, années 1462, folio 1er.

permettent de rectifier quelques erreurs échappées à M. Vallet de Viriville dans sa notice sur le chancelier (1).

Elles constatent l'existence d'un fils qu'il paraît avoir ignorée.

Elles autorisent de plus à admettre que Guillaume Cousinot II, ou de Montreuil, né, selon lui, vers 1400, devenu, de 1438 à 1440, maître des requêtes de l'hôtel du roi et président du conseil delphinal, et qu'avec beaucoup de vraisemblance il croit être l'auteur de la célèbre chronique dite *Chronique de la Pucelle,* — au lieu d'être le *neveu* du chancelier, comme le suppose M. Vallet, serait son *propre fils,* ce Guillaume Cousinot jeune, dont les documents que nous venons de mentionner, révèlent l'incontestable existence.

De notables divergences, nous pourrions dire, de graves inexactitudes se rencontrent, dans les écrits d'honorables auteurs, en ce qui concerne les gages alloués par le duc à son chancelier.

Selon quelques-uns, ce traitement ne dépassait pas 200 ou 300 livres par an. M. Vallet de Viriville, dans son *Histoire de Charles VII* (2), le porte à 600 livres.

Un document, échappé aux recherches de ce savant historien et venu heureusement en nos mains, signé de la main de Cousinot et d'une précision qui ne laisse place à aucun doute, établit d'une manière désormais indiscutable que les gages du chancelier étaient de cent livres tournois par mois, soit 1,200 livres par an. Nous publions ce titre aux pièces justificatives (3).

Il jouissait, de plus, comme le trésorier général et plu-

---

(1) VALLET DE VIRIVILLE, Notice sur Cousinot, pages 21 à 33.
(2) *Histoire de Charles VII*, t. Ier, p. 192.
(3) Voir *Pièce justificative* H.

sieurs autres officiers du duc, d'un droit de *bûche* ou de chauffage, parfois payable en argent, ainsi qu'il ressort de titres conservés en nos archives (1).

Cousinot, à l'époque du siège, habitait, rue de la *Closterie*, paroisse Saint-Pierre-Lentin, l'hôtel du *Grand-Saint-Martin* (2). Cet hôtel, ayant cour, puits et jardin, tenait d'un côté, disent les actes, à la maison d'Isabeau Langevin ; — faisait le coin d'une rue, étant devant l'hôtel appelé le *Coin-Saint-Père (Saint-Pierre-Empont)*, et tenait, par derrière, à l'hôtel du prieuré de Semoy (3).

L'hôtel du chancelier occupait ainsi l'angle méridional de l'ancienne rue de Semoy, à son intersection avec la rue du Battoir-Vert (aujourd'hui Parisis) et porte actuellement le n° 11 de la rue des Grands-Ciseaux.

Ce fait était jusqu'ici complètement ignoré.

L'acte d'acquisition recueilli par M. Jules Doinel, et qu'il a bien voulu nous autoriser à publier, constate que l'hôtel du *Grand-Saint-Martin* avait été, avec d'autres biens, sis à Orléans et ailleurs, confisqué par le roi sur Enguerrand de Vauxaillon, Marguerite Renard sa femme, et Jacques son fils, comme tenans le parti des Anglois et Bourguignons, et qu'il avait été donné à Guillaume Cousinot et à Lorette Lorfèvre, son épouse, en compensation

(1) Voir *Pièce justificative J.*

(2) La rue de la *Clousterie*, et celle de *Semoy* qui la continuait au levant, entre la rue du *Battoir-Vert* (rue Parisis) et la rue de l'*Écrivinerie* (rue Pothier), ainsi désignées sur le plan manuscrit de Fleury (1640) conservé à la Bibliothèque d'Orléans, et sur les plans gravés d'Inselin (1680), Moithey (1775), Letourmy (1778), portent depuis quelques années le nom unique de rue des Grands-Ciseaux.

(3) La Justice du prieuré de Semoy eut longtemps pour siège une maison (portant aujourd'hui le n° 7 de la rue des Grands-Ciseaux), sise dans la portion orientale de la rue de la Clousterie, qui prit dès lors le nom de rue de Semoy.

des dommages que lesdits Anglois et Bourguignons leur avaient fait éprouver en s'emparant de leurs biens.

Mais par accord et transaction, du 27 août 1430, Guillaume Cousinot délaissa à Marguerite Renard, devenue veuve, et à son fils, les « biens et mettairies » confisqués sur son mari et sur elle. Il conserva seulement, en toute propriété, l'hôtel *du Grand-Saint-Martin qu'il habitait depuis longtemps*, est-il dit dans l'acte, et paya à Marguerite Renard, une somme de 350 royaux d'or (1).

Quelques années après, le 1er août 1437, par acte devant Geoffroy Bureau, notaire, Guillaume Cousinot, licencié en lois, conseiller et maître des requêtes de l'hôtel du Roi, président du Dauphiné, et fils du chancelier, vendait cet hôtel du *Grand-Saint-Martin* à honorable homme et sage maistre Jehan Le Prestre, licencié en lois, garde de la prévosté d'Orliens, pour le prix de 450 livres tournois payées comptant (2).

Ce fut seulement après le siège, le 4 mars 1430, que, par acte devant Denis de la Salle, le chancelier Cousinot et Lorette Lorfèvre, sa femme, prirent à bail du chapitre de la cathédrale pour cinquante-neuf ans, à titre de rente ferme ou pension, et moyennant xx livres parisis de rente annuelle, *l'hôtel de la Herse*, « ouvrant, par devant, rue de la Rose, et, par derrière, rue de la Cheverie d'Orléans (3); tenant, d'une part, aux hostels des religieux d'Ambert, et, d'autre part, à ceux de la Seraine et des

(1) Un article des comptes de chaussées d'Orléans de 1439 à 1441, conservé aux archives municipales, porte que l'hôtel du Grand-Saint-Martin, « appartenant à Mgr le chancelier d'Orléans, est situé rue de la *Closterie* ».

(2) Voir ces actes, aux *Pièces justificatives* L, L *bis*, L *ter*, et l'Appendice II.

(3) Sur le plan de Fleury (1640), la rue de la *Chevrye* occupe la place de la rue actuelle de la *Vieille-Monnaie*.

Trois-Pas ». Ils paraissent avoir longtemps habité cette maison après la levée du siège.

En 1462, ainsi qu'on l'a vu plus haut, messire Guillaume Cousinot, chevalier, fils et héritier pour sa tierce partie du chancelier et de feue damoiselle Lorette, son épouse, renonçait, sur la demande du chapitre et au nom de ses deux cohéritiers, au bail de 59 ans, et lui délaissait cet hôtel (1).

Plusieurs savants attribuent à Guillaume Cousinot la rédaction primitive du précieux récit connu sous le nom de *Chronique de la Pucelle*, revu plus tard et publié par Cousinot II, son fils, témoin oculaire, comme l'avait été le chancelier, de la plupart des faits qu'il raconte (2).

Entrée de Jeanne d'Arc à Orléans.
Les bourgeois et capitaines la confient au trésorier général
et la conduisent en son hôtel.

Le vendredi 29 avril 1429, dans une indicible émotion d'espérance et de joie, la population tout entière se pressait devant l'hôtel du trésorier général.

Orléans, depuis sept mois assiégé, enserré d'un réseau de bastilles et de boulevards, était réduit aux dernières extrémités et, malgré la vaillante énergie de ses habitants et de ses défenseurs, n'attendait plus rien que du ciel.

Son espoir ne fut pas déçu. Dieu lui envoya la Pucelle.

Jeanne, après avoir, le jeudi 28 avril, traversé la Loire à

(1) Les deux actes de 1430 et 1462, relatifs à l'hôtel *de la Herse*, sont conservés aux archives du Loiret, série G. (Fonds du chapitre de Sainte-Croix, années 1430 et 1462.) Ils ont été recueillis par M. Doinel, archiviste du département.

(2) VALLET DE VIRIVILLE, *Chronique de la Pucelle ou de Cousinot*, notice historique, p. 1 à 70, sauf la rectification ci-dessus.

Chécy, et y avoir passé la nuit, pénétrait le lendemain dans l'enceinte fortifiée de la ville par le pont-levis de la porte de Bourgogne.

Le journal du siège raconte en termes touchants, que nous regrettons d'abréger, l'entrée de la sainte enfant dans nos murs :

« ...Le vendredi à huict heures du soir, Jeanne... entra dans Orléans armée de toutes pièces, montée sur ung cheval blanc, et faisait porter devant elle son estandart...

« Elle, ainsi, avoit à son cousté senestre le bastart d'Orléans, armé et monté moult richement, et après venoient plusieurs... nobles... et vaillans cappitaines... et aussi des bourgoys et bourgoyses d'Orléans portant grand nombre de torches et faisant autel joye comme si ils veissent Dieu descendre entre eulx. Et se sentoient ja tout reconfortés et comme desassiégés par la vertu divine qu'on leur avoit dit estre en ceste simple pucelle...

« ...Lesquels gens d'armes et bourgoys l'accompagnèrent et par très grant honneur la conduisirent tous jusques auprès de la porte Regnart, en l'hostel de Jacques Boucher, pour lors trésorier du duc d'Orléans, ou elle fust recue à très grande joye, avecques ses deux frères et les deux gentilzhommes et leur varlet qui estoient venus avecques elle, du pays de Barroys... (1). »

Ce fut au sein de cette famille patriarcale, honorée de la haute confiance de la cité, que Jeanne, vénérée comme un ange envoyé du ciel, passa, avec ses frères, son écuyer, son page, etc., la glorieuse semaine de la délivrance ; c'est à ce foyer béni par sa présence qu'elle revenait affectueusement s'asseoir, toutes les fois qu'un court intervalle, dans la série de ses victoires, la ramenait en nos murs.

(1) QUICHERAT, *Procès, Journal du siège*, t. IV, p. 151, 152 et 153.

Le soir de son arrivée, avec sa frugalité habituelle, elle n'avait voulu accepter que quelques tranches de pain dans un peu de vin étendu d'eau (1), puis elle avait demandé que la fille aînée de son hôte, Charlotte, âgée de dix à onze ans, vînt partager sa couche.

Il en fut ainsi durant son séjour.

Chaque matin, traversant le jardin qui aujourd'hui, comme alors, s'étend entre l'habitation et l'église, Jeanne allait assister à la messe, prier Dieu pour Orléans et la France, et puiser dans la sainte communion, qu'elle recevait en versant des larmes, la force d'accomplir sa mission.

Ce fut en cette demeure qu'un docteur renommé en droit civil et canon, Jean de Mascon, chanoine et dignitaire du chapitre cathédral, vint l'interroger, à plusieurs reprises, au nom, en quelque sorte, du clergé orléanais, et lui rendit le magnifique témoignage consigné plus tard, sous la foi du serment, aux enquêtes de la réhabilitation.

« Après l'avoir maintes fois examinée, disait-il, sur ses
« paroles et sur ses actes, il n'avait rien trouvé en elle
« que de saint et de bon... C'était chose admirable de
« l'entendre parler et répondre ; nul doute, pour lui,
« qu'elle ne fût envoyée du ciel... (2). »

C'était là que les procureurs venaient lui offrir leurs modestes présents : quelques pintes de vin, une alose, une selle à bahut, une demi-aulne de drap vert, pour faire les *orties* de ses robes..... (3).

Le mercredi 4 mai, armée en toute hâte par son écuyer d'Aulon, la femme et la jeune fille du trésorier, elle quittait

(1) QUICHERAT, *Chronique de la Pucelle*, t. IV, p. 219.
(2) Voir notre étude sur *L'institution de la fête du 8 mai et Jean de Mascon, docteur et chanoine de l'Église d'Orléans*, p. 71.
(3) Jean Hillaire, Fragment du Compte de commune, 1428-1430. Mandements IV, V et XIV.

le seuil de l'hôtel, et s'élançait vers Saint-Loup pour y gagner sa première victoire.

Le 6, elle le franchissait de nouveau, pour s'emparer de la bastille des Augustins.

Le samedi 7, entraînant, dans un irrésistible élan, le peuple et les capitaines, elle passait la Loire, domptait toutes les résistances, attaquait et prenait d'assaut les Tourelles.

Et le soir, après ce glorieux fait d'armes, traversant, sur des planches mal assises, les arches à demi rompues du pont affranchi par sa victoire, toujours simple et modeste en son triomphe, elle venait, comme elle l'avait promis le matin, partager, à la table de son hôte, l'aloze qu'elle avait gaîment refusée à son départ (1).

Enfin, le dimanche 8 mai, jour de la délivrance, quand l'ennemi eut levé le siège et abandonné ses bastilles, Jeanne, entourée de ses compagnons d'armes, du clergé de toutes les paroisses et de la population transportée de joie et de reconnaissance, inaugurait à Saint-Paul, où elle avait tant de fois prié, la solennité qu'Orléans renouvelle chaque année dans une inépuisable effusion de gratitude et de respect.

Puis le lendemain, se dérobant à l'enthousiasme des Orléanais, elle prenait congé du trésorier et de sa famille, et s'en allait devers le roi lui porter la nouvelle de la merveilleuse délivrance.

---

(1) Pendant qu'elle délibérait de passer la Loire, on présenta à Jacques Boucher, son hôte, une alose, et lors il luy dist : « Jeanne, mangeons ceste alose avant que partiez. — En nom Dieu, dit-elle, on n'en mangera jusques au souper, que nous repasserons pardessus le pont, et ramènerons un *Godon* (un Anglais) qui en mangera sa part. » (*Chronique de la Pucelle*, et déposition de Colette, femme Milet. QUICHERAT, III, p. 124, et IV, p. 227.)

Six semaines s'étaient écoulées. Ce bref délai avait suffi à la Pucelle pour battre les Anglais en rase campagne, faire prisonniers leurs plus renommés capitaines et mener à bonne fin sa glorieuse campagne de la Loire.

Victorieuse à Jargeau, à Meung, à Beaugency, à Patay, Jeanne revint à Orléans, vers le 20 juin 1429, prendre quelques jours de repos chez *ses bons amis du grand hostel de la Porte-Renart*, comme elle aimait à les appeler dans son affectueux langage.

Un présent du duc d'Orléans l'y attendait pour fêter son retour.

Charles, captif en Angleterre, s'associait, de cœur, aux grands événements qui s'accomplissaient en ses domaines.

Considérant les *bons et agréables services de la Pucelle à l'encontre des Anglais, anciens ennemis de Monseigneur le Roy et de lui-même*, il avait mandé à son trésorier-général d'offrir, en son nom, à la jeune héroïne, un vêtement d'apparat, aux couleurs de sa maison.

Les détails de ce don du prince apanagiste nous ont été conservés dans deux cédules originales, publiées par M. J. Quicherat.

C'était une robe de fin drap, couleur vermeille, et une huque (ou surtout) d'étoffe vert foncé.

Jacques Boucher avait confié à Jean Luillier, riche négociant de la cité, le soin de choisir ces étoffes de prix; un tailleur en renom, Jean Bourgeois, était chargé de confectionner ce vêtement d'honneur destiné à la Pucelle.

Deux aulnes de fine brucelle vermeille (1), achetées pour la robe, coûtèrent huit escuz d'or.

---

(1) Drap cramoisi superfin de Bruxelles.

La doublure, deux escuz d'or.

Pour la huque, une aulne de vert perdu (1) fut payée deux escuz d'or.

Pour la façon de la robe et de la huque, et pour fourniture de satin blanc, de sandal (2) et autres étoffes, le tailleur reçut un escu d'or.

Le prix total, s'élevant à treize escuz d'or viez, du poids de soixante et quatre au marc, fut soldé par Jacques Boucher, qui, le 5 août 1430, en reçut quittance.

M. J. Quicherat estime que Jean Luillier, nommé dans ces cédules, est le même que Jean Luillier, dit *Senior*, bourgeois d'Orléans, qui, le 16 mars 1456, déposa dans l'information orléanaise pour la réhabilitation (3). L'opinion de l'éminent éditeur nous semble pleinement justifiée ; de nouveaux documents, que M. Quicherat n'avait pas sous les yeux, nous permettent d'ajouter, ainsi que nous espérons plus loin l'établir, que Jean Luillier était, de plus, frère de Jeanne Luillier, femme du trésorier général.

Les deux beaux-frères avaient uni leurs efforts pour remplir dignement les intentions du duc et honorer la sainte enfant qu'ils vénéraient à l'envi l'un de l'autre.

Les détails que nous venons de rappeler, sur le séjour de Jeanne d'Arc en nos murs, sont sans doute connus de plus d'un lecteur, mais ils se rattachent si intimement

(1) Les différentes nuances de vert, dit M. Quicherat, furent successivement adoptées pour l'une des couleurs de la maison d'Orléans : le vert *gai* ou clair, du temps du duc Louis ; le vert *brun* après sa mort ; le vert *perdu* ou tirant sur le noir, après la bataille d'Azincourt et la captivité du jeune prince.

(2) *Sandal*, étoffe de soie, sorte de taffetas originaire de la Chine et de l'Inde, et au XIIIe siècle fabriquée à Milan et à Venise. Il y en avait de toutes nuances.

(3) QUICHERAT, *Procès*, t. V, p. 112 à 114.

à cette notice, qu'il nous sera pardonné de les avoir brièvement retracés ici.

Ils sont de ceux dont on aime à dire avec le poète :

Indocti discant, et ament meminisse periti.

§ II

JACQUES BOUCHER, PENDANT LA CAPTIVITÉ DU DUC CHARLES, LORS DE SA DÉLIVRANCE, ET DU PAIEMENT DE SA RANÇON.

Le séjour de Jeanne d'Arc à Orléans, ses merveilleux faits d'armes, sa formelle affirmation que la délivrance du *gentil duc* était un des buts de sa mission (1), avaient ravivé dans le cœur des Orléanais et des officiers de ses domaines l'espoir d'une mise en liberté si ardemment désirée.

Dix années durent toutefois s'écouler avant la réalisation de ces vœux.

La famille d'Orléans Valois, depuis la constitution de l'apanage en sa faveur, et malgré des faits regrettables, dont nous n'avons pas à nous occuper ici, s'était concilié l'affection des populations du duché par sa bienveillance, sa générosité, son amour des lettres et des arts, ses pieuses fondations et plus tard par ses malheurs.

Le meurtre du duc Louis, assassiné en 1407 par ordre du duc de Bourgogne ; les vains efforts de Valentine de Milan et de ses fils pour obtenir justice contre le meurtrier ; la mort de la noble veuve succombant à la fatigue et à la douleur ; l'exil volontaire de cette famille cruellement décimée, désertant la cour pour se retirer dans les

_____

(1) Déposition du duc d'Alençon. (QUICHERAT, III, p. 99.)

villes de son apanage ; tant de faits émouvants avaient rendu plus profondes les sympathies qu'elle s'y était acquises.

Survinrent alors les graves événements politiques dont l'Orléanais fut le théâtre durant le premier tiers du XVe siècle :

A Gien, le traité d'alliance entre les ducs d'Orléans, de Berry et de Bretagne, contre la faction bourguignonne ;

A Jargeau, en juillet 1411, l'énergique défi adressé au meurtrier de son père par le duc Charles, récemment émancipé par Charles VI (1).

A Orléans, la scène dramatique de l'excommunication dont Jean-sans-Peur avait osé menacer le fils de sa victime, et que les Orléanais, indignés de cet acte inouï d'impudeur, après un Synode épiscopal, présidé par l'archevêque de Sens, et une procession générale de toutes les paroisses de la ville, avaient solennellement rejetée à la face du meurtrier (2).

Au cours de ces fiévreuses dissensions, le duc Charles s'était fait un véritable honneur par ses lettres de sauvegarde accordées à Orléans, le 12 janvier 1412, en faveur des sujets du duc de Bourgogne qui voudraient étudier en notre célèbre Université.

Dans ces lettres dignes de mémoire et que nous avons publiées ailleurs (3), Charles, avec une généreuse magna-

---

(1) Charles d'Orléans, à l'âge de dix-sept ans, avait été émancipé par lettres-patentes du 12 décembre 1408. — *Chronique de Guillaume Cousinot*, édition de 1856, chap. 112.

(2) *Ibidem*, chap. 123, p. 141 ; LEMAIRE, *Histoire d'Orléans*, t. I, p. 127 ; SYMPHORIEN GUYON, *Histoire du diocèse d'Orléans*, t. II, p. 165.

(3) Voir (pages 78 à 81), dans notre *Étude sur la salle des*

nimité, oubliant ses griefs personnels contre le meurtrier de son père, pour ne songer qu'aux intérêts de la
capitale de son duché, à ceux de l'Université, *sa fille*, et
au progrès des études, déclarait vouloir que les sujets de
son implacable ennemi pussent venir, en toute sécurité
pour leurs personnes et leurs biens, « estudier et demourer en sa ville d'Orléans, et y être gardés comme ses
propres subjets, pourvu qu'ils y fussent franchement et
paisiblement comme vrais estudians, sans eux mesler d'un
cousté et d'autre ».

Captivité du duc Charles.

La fatale journée d'Azincourt (25 octobre 1415) mit le
comble aux douloureuses épreuves du petit-fils de Charles V.
Charles, âgé de vingt-quatre ans, y combattit vaillamment
à l'avant-garde. Grièvement blessé et retrouvé parmi les
morts, il fut emmené en Angleterre, où son frère le comte
d'Angoulême, avons-nous dit, et plusieurs de ses parents
étaient déjà prisonniers, ou retenus comme otages.

Il y demeura, vingt-cinq ans, captif.

Cette longue absence créait aux membres de son conseil,
aux administrateurs de ses domaines, et tout spécialement
à son chancelier et à son trésorier général, une laborieuse
et délicate mission. Leur dévoûment s'éleva à la hauteur
de la tâche qui leur était confiée.

Durant les graves événements qui s'accomplirent au
cours de ces vingt-cinq années, et que nous devons briève-

Thèses de l'Université d'Orléans, le texte de ce document historique
retrouvé dans les minutes de Guillaume Girault, notaire au Châtelet
d'Orléans, par notre regretté collègue et ami M. François Maupré,
alors archiviste du Loiret.

ment rappeler ici, les dévoués mandataires du prince se montrent incessamment préoccupés d'adoucir les souffrances de son exil, de veiller à ses intérêts, de préparer sa délivrance, et de défendre les provinces et les cités de l'apanage contre les agressions de l'Angleterre.

Henry V, à son lit de mort, avait instamment recommandé qu'on se gardât de laisser échapper un otage aussi précieux que le duc; ces instructions furent fidèlement remplies. Peu de communications, fussent-elles simplement affectueuses, étaient accordées au prisonnier. Les officiers de sa maison eux-mêmes ne pouvaient arriver jusqu'à lui qu'avec un sauf-conduit des autorités anglaises ; son traitement était si rigoureux, qu'il lui fallait faire venir de France ce qui lui était nécessaire pour se nourrir et se vêtir convenablement.

Détenu d'abord au château de Windsor, transféré, en 1422, à celui de Bolingbroke, il fut ramené à Londres en 1430. Ses gardiens étaient payés alors « vynt souldz le jour » (1).

Peu après, le gouvernement anglais, trouvant apparemment ces gages trop ruineux pour ses finances, par une mesure qu'on aurait peine à croire si elle n'était constatée par des documents irrécusables, mit la garde du prince en adjudication publique et au rabais.

Le comte de Suffolk, le vaincu de Jeanne d'Arc à Orléans et à Patay, qui, vingt ans après, accusé et fugitif à son tour, devait périr de mort violente, s'en rendit adjudicataire au prix, pour chaque journée, de quatorze sols quatre deniers.

Cette douloureuse odyssée n'était pas encore à son terme. En mai 1435, le duc, transféré au château de Wingfeld,

(1) Lettres-patentes du roi d'Angleterre, 27 mai 1422.

changea une fois de plus de résidence et de geôliers, avec
un nouveau rabais d'un sol par jour (1).

Ainsi traîné de prisons en prisons, à des prix de plus
en plus restreints, dans les châteaux de seigneurs anglais
chargés de sa surveillance, et qui l'accompagnaient jusqu'en
ses moindres promenades, le jeune prince ne laissa pas
défaillir son courage.

Tenu forcément à l'écart des graves événements qui
s'accomplissaient en France et dans son propre domaine,
il s'y associait de ses constants efforts.

On a trop dit, croyons-nous, qu'affaissé sous le poids du
malheur et d'une molle insouciance, il ne demandait de
consolations qu'à la composition de ses poésies amoureuses,
où se reflète incessamment, d'ailleurs, le souvenir de ses
douleurs et de celles de la patrie.

Son esprit charmant, fécondé par la brillante éducation
qu'il avait reçue de Valentine de Milan, sa mère, lui faisait
certainement trouver, dans le culte des Muses, quelques
adoucissements aux amertumes de l'exil.

Et c'est à juste titre que ses gracieuses ballades, longtemps oubliées, mieux appréciées de nos jours pour la délicatesse des pensées, l'heureux choix des allégories, l'élé-
gance et la distinction du style, où se révèle déjà le génie
de la langue française, sont aujourd'hui considérées comme
le plus précieux monument de notre poésie nationale, au
XVe siècle (2).

(1) Joseph Stevenson, *Letters and papers during the reign of
Henry the sixth, king of England*, vol. II, part. II, p. 419 et suiv.
(2) Les poésies de Charles d'Orléans, signalées en 1724 à l'attention publique par le savant abbé Sallier (*Mémoires de l'Académie
des Inscriptions*, t. XIII, 1740), ont été éditées en 1803 avec quelques inexactitudes. Deux nouvelles éditions ont paru presque simul-

Mais son intelligent patriotisme ne restait pas étranger à des soucis plus dignes de son devoir et de son nom (1).

Il engageait et faisait vendre ses pierreries et ses joyaux pour payer la mise en liberté des otages retenus comme lui en captivité et récompenser généreusement les services rendus à sa cause.

Justement préoccupé du soin de ses affaires, de l'acquit de sa rançon et de la préparation de la paix, il veillait avec une active sollicitude à l'administration de ses domaines (2).

Dans ses lettres, dont plusieurs nous ont été conservées, il recommande à ses officiers une parfaite régularité administrative et une sévère économie dans les dépenses (3).

Son trésorier général lui adressait, conformément à ses désirs, des états détaillés des revenus de ses fiefs et de leur emploi, et, par des messagers dignes de confiance, lui faisait passer en Angleterre les sommes nécessaires à ses besoins (4) et à ceux de ses compagnons d'infortune. Il semble même résulter de documents officiels

tanément en 1842, avec d'excellentes notices historiques et critiques, l'une due à M. J.-Marie Guichard, l'autre à M. Aimé Champollion-Figeac, tous deux attachés à la Bibliothèque nationale. L'édition de M. J.-Marie Guichard a été publiée de nouveau en 1857 (1 volume in-18. Paris, Delahaye, libraire).

(1) Les érudites investigations de M. Vallet de Viriville, publiées en 1859, dans sa notice critique sur la *Chronique dite de la Pucelle*, semblent aujourd'hui clairement établir que le récit anonyme et jusqu'alors inédit, ayant pour titre : *Gestes des nobles français*, etc., dans lequel sont racontés avec détails les faits historiques contemporains du siège, aurait été écrit, à l'intention toute spéciale des princes prisonniers en Angleterre, par leur chancelier, Guillaume Cousinot.

(2) Lettre datée du château de Bolingbrok, 31 mars 1423.

(3) Archives nationales, trésor des chartes.

(4) Comptes de ville de 1420 à 1439. — Voir aussi, comme *specimen* de ces messages, la pièce justificative M.

que, plus d'une fois, Jacques Boucher passa la mer pour les lui porter, en personne, avec les consolations de son fidèle attachement (1).

Les voyages multipliés du Bâtard en notre ville, régulièrement constatés dans nos registres de comptes par les présents que nos dévoués procureurs ne manquaient jamais de lui offrir, révèlent clairement, comme on le sait d'ailleurs, que, depuis la mort du comte de Vertus, l'illustre capitaine joignait ses soins à ceux du chancelier et du trésorier général, pour la gestion de l'apanage.

Malgré les dures entraves que lui imposaient ses implacables vainqueurs, Charles ne cessait ainsi de correspondre avec les populations associées à sa fortune.

Dès le début de sa captivité, il s'était efforcé d'atténuer pour elles les fléaux d'une guerre désastreuse.

Par ses lettres-patentes données à Londres le 27 novembre 1415, il ordonnait aux gouverneurs de ses châteaux et forteresses de résider au siège de leur capitainerie, d'épargner à ses vassaux et sujets toutes exactions et pillages et tout service militaire qui ne serait pas absolument nécessaire. Il prescrivait que ces capitaines « prêtassent serment, és-main de son amé et féal chancelier, d'accomplir les choses dessus dites, fidèlement et de tout leur povoir ».

Puis, quand la lutte devint imminente, il s'efforça d'obtenir du gouvernement anglais, en faveur des villes, et tout spécialement de la capitale de son duché, la neutralité, ou, comme on disait alors, l'*abstinance de guerre*, si vivement désirée par les Orléanais.

(1) Archives nationales, trésor des chartes, et CHAMPOLLION-FIGEAC, *Louis et Charles d'Orléans*, 1844, pages 334 et 335.

3

Nos comptes de commune de 1424 et 1426 mentionnent les sommes avancées par le trésorier général et par lui remises, avec d'autres recueillies dans la ville, à Mgr de Mortemart, pour qu'il les portât au duc Charles, afin qu'au prix de lourds sacrifices le prince obtînt cette *abstinance de guerre* sollicitée à la fois du duc de Bourgogne et du conseil d'Angleterre.

Des documents parvenus jusqu'à nous paraissent indiquer que ces efforts et ces dons obtinrent d'abord le succès désiré.

Un traité, dont une copie nous a été conservée dans les collections manuscrites de la Bibliothèque nationale, aurait été conclu, par les soins du duc et de son frère le Bâtard, avec la cour de Londres, le 17 juillet 1427. Mais le Régent, duc de Bethford, aurait refusé de le ratifier, et le duc de Bourgogne était alors uni par des liens trop étroits à la cause de l'Angleterre, pour qu'il pût se séparer d'elle à cet égard.

Tout fut donc rompu, et il ne resta plus qu'à se préparer à la guerre.

Nonobstant sa captivité, Charles s'unit résolument à cette lutte décisive.

Il remit en pleine vigueur les sages mesures prescrites, dès l'origine, par ses lettres du 27 novembre 1415.

Il réclama du clergé et des officiers de ses capitaineries des sacrifices devenus nécessaires à la défense du territoire national. Il prescrivit « qu'inventaire fût fait par ses trésoriers et receveurs, dans ses châteaux et forteresses, des arbalètes, traits, poudres, canons et autres habillements de guerre » qui s'y trouvaient, pour qu'ils fussent mis au complet s'il en était besoin.

Il donna ordre au gouverneur d'Orléans et aux procureurs

de ville de mettre en bon état de défense les fortifications, les murs et les tours, en même temps que son chancelier, son trésorier général et les receveurs et officiers domaniaux sous leurs ordres, organiseraient et maintiendraient la résistance.

Il confiait en même temps à de vaillants capitaines le commandement de ses villes et de ses châteaux-forts, et donnait spécialement à son frère le Bâtard, *lieutenant général du Roi pour la guerre dans l'Orléanais*, d'incessants témoignages de sa gratitude.

Il lui servait une pension annuelle, lui remettait successivement la garde de Romorantin et de Blois. Plus tard, en 1439, il reconnut généreusement ses services en lui faisant donation du comté de Dunois, avec droit d'en porter le titre à l'avenir.

Il l'avait investi de ses pleins pouvoirs aux États d'Orléans et de Tours, ainsi qu'aux conférences d'Arras, de Calais et de Gravelines, pour la conclusion de la paix.

Par ces sympathiques encouragements, sa coopération personnelle et celle de ses fidèles serviteurs, Charles d'Orléans, du sein de sa captivité, s'associait à la lutte héroïque qui, après un siècle de douleurs, devait assurer le triomphe de l'indépendance nationale et couronner notre cité d'un immortel honneur.

La délivrance.

Vers l'année 1435, après vingt ans d'exil, l'aurore d'une destinée meilleure parut luire enfin pour le noble captif.

Depuis le martyre de la Pucelle, sa prophétique parole que *les Anglais ne tarderaient pas à être boutés hors de France* tendait chaque jour à s'accomplir, et leur puissance, naguère si redoutable, inclinait visiblement vers sa ruine.

La réconciliation, chèrement achetée sans doute, mais définitivement scellée avec la Bourgogne, par le traité d'Arras ; la perte, irréparable pour le cabinet de Londres, du Régent duc de Bethford, mort à Rouen au moment où se signait ce traité ; le mariage arrêté du comte de Charolais, fils de Philippe-le-Bon, avec la fille de Charles VII ; le siège de Calais, dont la possession était d'un si haut prix pour l'Angleterre, entrepris en 1436 par le duc Philippe en personne ; tant de faits significatifs éclairaient d'un jour nouveau des illusions longtemps caressées par l'orgueil britannique.

Charles d'Orléans, dont le gouvernement anglais avait enfin apprécié les hautes qualités, n'était plus à ses yeux un simple prisonnier, mais un utile médiateur.

Il avait accompagné les délégués anglais aux conférences d'Arras. La demande de son élargissement, moyennant une rançon acceptable, ayant été repoussée, il avait dû rentrer dans sa prison de Wingfeld, en mai 1436 ; mais, durant les négociations auxquelles elle avait pris part, la duchesse de Bourgogne avait été touchée des malheurs du prince, de sa vive intelligence, de son esprit aimable, de son talent poétique, et secondée par le cardinal de Winchester, un des membres les plus considérables et les plus modérés du Conseil de Londres, elle avait pris à cœur d'obtenir sa délivrance.

Cinq années durent toutefois s'écouler, après le traité d'Arras, avant que ses généreuses intentions pussent enfin s'accomplir.

Ce serait trop élargir le champ d'une simple notice que de retracer ici, dans leurs émouvants détails, ces cinq années si troublées et pourtant si glorieuses, où la guerre et la paix semblaient se coudoyer chaque jour, où des tentatives de pacification, incessamment renouées sous les pressantes instances du Souverain-Pontife et du Concile de Bâle, et sous les ardentes aspirations des populations épuisées, demeuraient vaines et sans effet devant les inacceptables prétentions de la tenacité britannique.

Mais, tandis que les amis de la paix s'épuisaient en inutiles efforts, l'épée victorieuse du connétable de Richemont, du Bâtard, de Xaintrailles, de Gaucourt et de Charles VII lui-même, continuait l'œuvre de délivrance inaugurée sous les remparts d'Orléans par la Pucelle, et arrachait aux vaillants capitaines anglais naguères vaincus par elle, aux Talbot, aux Scales, aux Falcombridge, nos villes et nos forteresses pour les restituer à la France.

Lorsqu'enfin Charles VII, en novembre 1437, eut fait, dans sa capitale affranchie, son entrée triomphale, et que le Parlement y rendit de nouveau la justice en son nom ; quand Dieppe, Honfleur, Montereau, Pontoise, Meaux, et tant d'autres cités, eurent secoué le joug étranger qui leur était si lourd ; quand aux États d'Orléans, en octobre 1439, les délégués du clergé, ceux des villes et des provinces, les grands du Royaume, les capitaines, et parmi eux le Bâtard, au nom de son frère et au sien, eurent, après un débat solennel, émis le vœu que la paix fût rendue aux deux nations, en deuil de tant de sang répandu ; l'Angleterre dut comprendre qu'il était temps de mettre un terme à une lutte désormais sans espoir, et il fut mutuellement résolu que des conférences sérieuses et définitives s'ouvriraient à Calais, dans les derniers mois de 1439.

Forcés que nous sommes d'indiquer seulement, en quelques lignes, les graves événements de cette période si agitée de notre histoire, nous ne saurions toutefois passer sous silence l'admirable dévoûment de notre population orléanaise, à laquelle nous retrouvons associés, en toutes circonstances, les fidèles mandataires du duc, son chancelier et son trésorier général.

Épuisée de ressources par les dépenses du siège, par la restauration de son pont et de ses remparts, la reconstruction de ses faubourgs, et sa généreuse coopération à la campagne de la Loire, la fidèle cité semblait oublier ses privilèges aussi bien que ses souffrances, pour s'identifier aux anxiétés de la patrie et répondre à ses appels.

Elle ne se bornait pas à accueillir chaleureusement, à leur passage, les éminents personnages et les renommés capitaines personnellement associés aux graves événements publics ; à demander au ciel, par des prières solennelles et des processions générales, le triomphe de la cause nationale et les bienfaits de la paix ; elle offrait aux défenseurs armés de la patrie, en même temps qu'aux négociateurs de la paix, l'appoint de ses incessants sacrifices.

En 1427, les bourgeois et habitants d'Orléans s'étaient imposés un aide de 800 livres pour secourir Montargis assiégé.

Le 1er mai 1429, ils remettaient au Bâtard, par les mains de Jehan Hillaire, receveur des deniers communs, 600 autres livres pour payer les gens de guerre étant en garnison dans la ville, et les capitaines des forteresses d'alentour (1).

Le 6 mai, ils lui versaient 500 livres, pour acquitter le

_____

(1) Archives municipales d'Orléans. Quittance du Bâtard, signée de sa main.

prix de quatorze milliers de traits d'arbalètes, venus de Blois par ses ordres (1).

Et quelques jours après, 2,400 livres parisis lui étaient de nouveau accordées par les gens d'Église et bourgeois, pour bailler aux capitaines et gens d'armes, afin que le siège fût mis devant la ville de Jargeau (2).

On ne peut se défendre d'un sentiment d'admiration et de respect en lisant aujourd'hui, sur les feuilles séculaires de nos vieux comptes de ville, les lettres multipliées de Charles VII, autorisant, chaque année, sur leur propre demande, les habitants d'Orléans à s'imposer de nouvelles tailles, après leur glorieuse délivrance, pour subvenir aux charges de la guerre, au succès des négociations, et aux besoins personnels de leur duc.

Pendant la tenue des États, le Bâtard, assisté du trésorier général, avait convoqué les notables, et leur avait instamment demandé, au cas où leurs ressources actuelles seraient insuffisantes, de recourir à des emprunts pour pourvoir à des nécessités urgentes.

Ce patriotique appel avait été entendu, et, quelques jours plus tard, le Roi, après la clôture des États, quittant Orléans pour se rendre au siège de Meaux, une somme de 2,000 livres lui fut offerte, avant son départ, pour concourir aux frais de l'expédition. Six cents écus d'or, empruntés à la hâte, furent en même temps remis au Bâtard pour qu'il se rendît, à titre de négociateur, aux conférences de Calais (3).

(1) Archives municipales d'Orléans. Autre quittance, signée également de la main du Bâtard.

(2) *Ibidem*. Fragment du Compte de commune de Jehan Hillaire, 1428-1430. — xxiiie mandement.

(3) Compte de commune de Gilet Morchoasne, 1438, 1440 : lettres de Charles VII, datées d'Orléans, 29 août 1439.

Quelques mois s'écoulent, une prise d'armes est projetée contre les Anglais de Normandie. Cinq cents livres, produit d'une nouvelle taille autorisée par Charles VII, sont aussitôt mises à sa disposition par les habitants d'Orléans (1).

Plus tard, en 1441, le roi, après la prise de Creil et de Beaumont, ayant résolu, pour réparer un douloureux échec, de faire en personne le siège de Pontoise, les Orléanais s'empressent de lui venir en aide, et lui *baillent, comptant en main*, deux mille livres, produit d'un emprunt rapidement couvert.

Par lettres datées de Saint-Denis, le 9 août 1441, Charles VII les autorisa à *lever et cueillir sur eux* pareille somme de deux mille livres, afin de se libérer de cet emprunt envers les prêteurs (2).

Si lourds que fussent ces sacrifices réitérés et toujours volontaires, nos pères semblèrent les oublier, quand, dans les derniers mois de 1439, un message apporté au trésorier général, par des envoyés officiels, vint lui donner l'heureuse nouvelle que le duc d'Orléans était débarqué à Calais, pour prendre part aux conférences définitives qui allaient s'ouvrir en cette ville, encore au pouvoir de l'Angleterre.

Un tressaillement d'allégresse se répand aussitôt au sein de la cité; on fête les messagers; des prières publiques s'organisent dans toutes les paroisses; des processions générales sont prescrites sur le vœu des procureurs, pour demander à Dieu *qu'il voulsit accorder la paix, et donner bonne délivrance à Monseigneur d'Orléans*.

(1) Compte de commune de Gilet Morchoasne, 1438, 1440 : lettres de Charles VII, datées d'Orléans, 26 septembre 1440.

(2) Compte de commune de Jean Lallement, 1440, 1442. — Lettres de Charles VII, datées de Saint-Denis, 9 août 1441.

Bientôt après, deux mille écus d'or sont recueillis à la hâte et baillés à *Monseigneur le trésorier* avec prière d'aller, *en personne* et sans retard, les porter au duc, à Calais (1).

L'espérance d'une trève si ardemment attendue ne fut pas toutefois immédiatement réalisée. Quelques difficultés survinrent encore entre les délégués de France et d'Angleterre ; mais le désir de la paix, ne fût-elle que temporaire, était dans tous les cœurs ; et quelques mois après, en février 1440, les négociations furent reprises à Gravelines, et la délivrance du duc définitivement consentie.

Sa rançon fut fixée à cent vingt mille écus d'or, somme considérable pour le temps.

Le duc de Bourgogne offrit généreusement d'en payer le quart, de ses deniers personnels. Le Dauphin et les principaux seigneurs se portèrent garants du surplus, et le prince fut mis en liberté, sur parole.

Après vingt-cinq ans de captivité, Charles d'Orléans eut donc enfin la joie de poser le pied sur cette terre de France, qu'à la fatale journée d'Azincourt il avait arrosée de son sang, et de voir son élargissement salué par les populations, comme un gage d'espérance et de paix.

Le duc et la duchesse de Bourgogne l'étaient venus affectueusement recevoir à Gravelines. Huit mois ensuivant, le 16 novembre 1440, ils lui donnaient leur nièce, Marie de Clèves, en mariage.

Des fêtes splendides célébrèrent cette union.

Peu de semaines après, le duc d'Orléans quittait la

(1) Compte de commune de Gilet Morchoasne ; lettres datées d'Angers, 30 décembre 1439 ; et pour les détails, mandements LV à LXI de ce compte.

cour de Bourgogne et visitait, accompagné de sa jeune épouse, quelques villes flamandes et françaises.

Le 24 janvier 1441, il faisait enfin, avec elle, son entrée solennelle dans la capitale de son duché.

Heureux de revoir leur duc, que son douloureux exil semblait leur rendre plus cher, les Orléanais avaient résolu de fêter son retour d'une façon digne de leur fidélité séculaire. Ils avaient envoyé à Chartres et à Langres solliciter du roi l'autorisation de s'imposer d'une taille de deux mille livres, puis d'une autre de quatre mille écus, spécialement affectées aux dépenses de cette solennité (1).

Cette joyeuse entrée fut, en effet, magnifique, et nos annalistes se sont plu à en recueillir les détails. Un dais de drap d'or, orné de six aunes de sandal et de franges de soie, avait été préparé pour recevoir le duc. Les cloches des églises sonnaient à toute volée. Sur des échafauds élevés dans les carrefours étaient représentés les *mystères* les plus en faveur alors : *David et Goliath, les vertus morales,* etc. Des tables chargées de mets étaient dressées sur les places, des fontaines distillaient du vin *claret* et du lait, et des joueurs de luth parcouraient les rues, conduits par des ménestriers en renom.

Le duc, avec sa cour, assista à une procession générale d'actions de grâces, qu'il avait demandée lui-même ; les reliques des saints y furent portées en triomphe.

Un bassin contenant quatre mille écus d'or avait été présenté au duc à son entrée dans la ville ; une vaisselle d'argent doré du poids de plus de 211 marcs lui

(1) Compte de commune de Gilet Morchoasne, 1438, 1440. Lettres de Charles VII, datées de Chartres, 21 décembre 1440 ; — Autres lettres : datées de Langres, 16 février 1441 ; et, pour les détails de l'entrée du duc à Orléans, mandements xxxviii et suiv.

fut offerte à son départ, puis conduite à son château de Blois. Elle avait coûté 1,397 livres 9 deniers parisis, plus 126 livres 18 sols de façon et 88 ducats pour la dorure.

Elle avait été gravée aux armes du duc et de la duchesse par les soins, disent les registres de comptes, de Monseigneur le trésorier général.

Ce sympathique accueil semblait présager au prince, jeune encore, un heureux avenir, après de si dures épreuves ; il lui laissait toutefois une lourde tâche à remplir.

Le paiement de la rançon.

Libre, mais seulement sur parole, le duc Charles, débiteur envers l'Angleterre de l'énorme rançon dont quelques seigneurs s'étaient portés garants, était sous le poids d'une dette d'honneur que, malgré la difficulté des temps, il lui fallait acquitter sans retard.

Ce fut à cette grave affaire que le trésorier général, assisté d'Étienne le Fuselier, conseiller du duc, consacra les dernières années de ses fonctions et de sa vie.

Il serait difficile de préciser avec une minutieuse exactitude les détails de cette laborieuse libération ; du moins nous a-t-il été donné de recueillir quelques notions sur les sources où puisa le prisonnier d'Azincourt, secondé par son fidèle trésorier, pour s'acquitter envers l'ennemi peu généreux qui, durant vingt-cinq ans, l'avait retenu captif.

Dès le 2 avril 1437, Charles, prisonnier à Londres, avait, par lettres expresses, autorisé le Bâtard d'Orléans, son frère, soit à vendre, soit à engager quelques-uns de ses domaines, jusqu'à concurrence de 42,000 écus (1).

_____

(1) Ces lettres, curieuses à plus d'un titre, datées de Londres, le

Ces aliénations définitives ou temporaires furent-elles réellement effectuées? nous ne saurions rien affirmer à cet égard.

On a vu qu'à Gravelines, Philippe-le-Bon avait offert de prendre à sa charge personnelle le quart environ de la rançon. Les États de Bourgogne ratifièrent sa promesse et votèrent un subside qui lui permit de l'accomplir.

Quelques semaines, avons-nous dit, après son mariage, le duc Charles avec sa jeune épouse avait visité Paris.

Entouré des sympathies populaires, il y reçut un affectueux accueil, des présents lui furent offerts, et une taille fut spécialement répartie sur les habitants, pour l'aider au paiement de sa rançon.

Charles VII, à son tour, lui alloua, sur les revenus du Royaume, des dons considérables, mais dont le chiffre serait difficilement précisé.

Une de ces allocations nous a paru, par son caractère essentiellement orléanais, mériter d'être signalée. Nous la croyons peu connue, et nous publions à ce titre, aux *Pièces justificatives*, d'après un *vidimus* authentique venu en nos mains, le texte de ces lettres-patentes, datées d'Orléans, le 20 septembre 1440 (1) :

« Le Roi, y est-il dit, prenant en considération les grands frais et charges de son amé cousin le duc Charles d'Orléans, pour le fait de la guerre, à l'occasion de laquelle lui et le comte d'Angoulême son frère ont été de long-temps prisonniers en Angleterre, voulant, pour ce, lui venir en aide, lui donne et octroie, pour un an, commençant au 1er octobre 1440 et finissant au dernier jour de

2 avril 1437, après Pâques, ont été textuellement publiées par M. Aimé Champollion-Figeac, dans son intéressant ouvrage : *Louis et Charles d'Orléans*, etc., p. 428. Paris, 1844.

(1) Voir, aux *Pièces justificatives*, le document N.

septembre 1441, tous les profits et émoluments des gabelles et greniers à sel établis aux duchés d'Orléans et de Valois, comtés de Blois et de Dunois, et autres terres et seigneuries appartenant à lui et à son frère, dans l'étendue du Royaume. »

Ordre est donné en conséquence aux greneliers de ces duchés, comtés et seigneuries, de verser les deniers provenant desdites gabelles aux mains de Jacques Boucher, trésorier général du duc d'Orléans, et sur ses simples quittances.

Mais, cette fois encore, c'est à la ville d'Orléans qu'appartient surtout l'honneur du généreux dévoûment et des inépuisables sacrifices.

Sans tenir compte des charges de toute nature dont elle était réellement accablée, dès le 30 décembre 1439 et avant même que la mise en liberté du duc fût définitivement consentie, la ville s'était fait autoriser par Charles VII à s'imposer une taille de trois mille livres, affectée à l'acquit de sa rançon (1).

Le 25 août 1440, elle votait, par voie d'emprunt, une nouvelle somme de six mille livres *pour subvenir à la rançon de Monseigneur le duc* (2).

Enfin, par autres lettres datées de Saumur le 6 décembre 1441, le roi, après avoir rappelé les sacrifices que les habitants d'Orléans s'étaient antérieurement imposés, les autorisait, sur leur demande, à répartir itérativement entre eux une taille de quatre mille livres pour aider leur

(1) Ces lettres, datées d'Angers, le 30 décembre 1439, sont inscrites au Compte de commune de Gilet Morchoasne, 1438, 1440.
(2) Ces lettres, datées de Bourges, 25 août 1440, sont reproduites au même Compte de commune.

duc, *tant sur le fait de sa rançon, comme à soutenir son estat* (1).

Le libellé de ces dernières lettres autoriserait à croire que cette généreuse subvention devait solder, soit l'acquittement définitif de la dette, soit, au moins, la portion actuellement exigible, et permettre d'affecter le surplus aux dépenses de la maison ducale.

Ces allocations successives furent nécessairement versées aux mains du trésorier général, comme l'avaient été le produit des gabelles concédé par les lettres-patentes du 20 septembre 1440, et antérieurement le don de deux mille livres offertes par la ville, lors des conférences de Calais.

La régularité de la gestion administrative et celle des paiements à faire à l'Angleterre exigeaient qu'il en fût ainsi.

§ III

DERNIÈRES ANNÉES DU TRÉSORIER GÉNÉRAL. SA MORT. — SA SÉPULTURE EN L'ÉGLISE SAINT-PAUL.

La mission de haute confiance dont le duc Charles d'Orléans, durant sa longue captivité, avait investi son trésorier général était désormais accomplie.

Jacques Boucher avait voué la meilleure part de sa vie à la gestion du domaine apanagiste, concouru à la défense d'Orléans assiégé, accueilli respectueusement à son foyer l'ange libérateur envoyé par la bonté du ciel et adouci, pour son prince, les amertumes de l'exil. Il avait aidé à

(1) Voir ces lettres, datées de Saumur, 6 décembre 1441, au Compte de commune de Jehan Lalement, 1440-1442.

sa délivrance, goûté la joie de son retour, et préparé l'acquit de sa rançon.

Il pouvait maintenant mourir, avec la religieuse consolation de n'avoir failli à aucun de ses devoirs.

La famille d'Orléans-Valois, cette justice lui est due, sut toujours récompenser les services rendus à sa cause.

La fidèle capitale du duché en reçut de précieux témoignages; les officiers du domaine obtinrent à leur tour des marques d'une gratitude justement méritée.

Un document, échappé aux ravages du temps et des hommes et venu en nos mains, nous révèle, malgré de regrettables lacunes, que le long dévoûment du trésorier général fut, lui aussi, affectueusement apprécié.

Le 2 janvier 1442, Jacques Boucher, dans un acte signé de sa main, reconnaît avoir reçu, de Monseigneur le duc, un don de cent écus d'or, tant pour les services rendus dans son office, audit seigneur, que pour le fait de son élargissement (1).

Ce don, qui pourrait indiquer le complet acquittement de la rançon du duc, fut vraisemblablement la dernière récompense d'une vie consacrée tout entière aux intérêts du prince, de la ville et du duché.

Jacques Boucher s'éteignait peu après, en 1443, dans l'exercice des fonctions qu'il remplissait depuis vingt-deux ans.

Par une honorable distinction, ses restes furent déposés dans une des nefs de l'église Saint-Paul, sa paroisse, et sur sa tombe, sa veuve et ses enfants placèrent l'inscription

---

(1) Ce document, conservé dans notre collection personnelle, a été publié dans notre étude sur *La première expédition de Jeanne d'Arc*, page 108. Orléans, Herluison, 1874.

lapidaire qui, dans sa sévère simplicité, se borne à joindre au nom du défunt, le plus cher souvenir de sa vie.

Le caractère inoffensif de ce monument funéraire et le nom de la Pucelle, qui semblait devoir le protéger, ne purent le soustraire aux profanations des sectaires de la Réforme.

Dans les jours néfastes de 1562, où tant d'autels furent renversés, tant d'églises et de monastères pillés et saccagés en notre ville, le sanctuaire vénéré de Saint-Paul eut sa part privilégiée de dévastations sacrilèges. Il fut presque entièrement ruiné.

Les sépultures confiées à ce saint asile ne furent pas épargnées, et les pierres tumulaires disparurent dans cette lamentable tourmente.

Mais, par une pieuse coutume, usitée en notre province et née du respect des traditions paternelles dont s'honora toujours notre bourgeoisie orléanaise, nos aïeux aimaient à conserver, soit dans leurs titres de famille, soit dans les minutes des notaires, le texte et parfois la description des inscriptions épigraphiques dont ils avaient à cœur de perpétuer le souvenir (1).

On a pu, dans des temps meilleurs, réparer ainsi bien des désastres.

Cette filiale prévoyance a permis à l'auteur des *Antiquités*

---

(1) Il serait facile de multiplier les exemples de cette respectueuse coutume. C'est ainsi qu'à une époque plus récente (XVII⁰ siècle), Jacques de Cailly, gentilhomme de la chambre du roi et père du poëte, après avoir fait poser au transept nord de l'église de Chécy, sa paroisse, une inscription lapidaire en mémoire de sa femme et de ses trois enfants, en fit dresser, par-devant notaire, un acte complet et minutieusement descriptif. Cet acte, retrouvé dans les vieilles minutes de Mᵉ Paillat, notaire, par M. J. Doinel, archiviste du Loiret, qui nous l'a gracieusement communiqué, permettra de restaurer, avec une exacte fidélité, ce monument mutilé en 1793.

de Saint-Paul (1) de joindre notre texte commémoratif aux nombreuses épitaphes autrefois érigées dans ce sanctuaire, aujourd'hui disparues, et que ses savantes recherches ont remises en légitime honneur.

Elle vient de permettre de restituer le monument funéraire du trésorier général, dans son emplacement, sa forme et son aspect primitifs.

III

JEANNE LUILLIER.

Jeanne Luillier, femme du trésorier général, a droit, elle aussi, à quelques souvenirs personnels. Elle appartenait à une vieille famille orléanaise, dont s'est éteint de nos jours un des derniers rameaux.

Quand Charles VI, par lettres-patentes du 9 mars 1383, eut octroyé aux habitants d'Orléans le droit d'élire, tous les deux ans, douze d'entre eux, pour gérer les affaires de *la communauté*, Guillaume Luillier, aïeul de Jeanne (2), sieur de la Mothe, de la Bische, etc., fut l'un des notables bourgeois appelés, dans cette première élection, du 22 mars 1383, aux fonctions de procureurs de la ville.

Gillette, sa fille, avait épousé Philippe Viole, lieutenant-général du bailliage, en 1393.

(1) *Les Antiquités de Saint-Paul d'Orléans*, par Mlle A. DE FOULQUES DE VILLARET. Orléans, Herluison, 1884.

(2) Quelques généalogistes voudraient que Guillaume Luillier fût, non l'aïeul de Jeanne, mais seulement son grand-oncle. Les titres contemporains nous paraissent absolument contraires à cette opinion.

4

Jean-Charles, ou Charlot, son fils, père de Jeanne, promu à son tour, en 1429, à l'honneur de l'échevinage, fut l'un des douze procureurs qui, lors du siège, concoururent avec un si généreux patriotisme à la défense de la cité (1). Son nom se lit fréquemment dans le Compte de Forteresse de 1428 à 1430. Il est dit père de Jeanne dans tous les actes de famille.

Un titre du 8 avril 1402, conservé à la Bibliothèque nationale, nous fait connaître qu'il était, de plus, chargé de l'entretien de la chapelle royale de Saint-Vincent, construite devant le Châtelet ou palais ducal. Ce sanctuaire, desservi par le prieur de Saint-Hilaire, avait été doté par nos vieux rois de huit deniers parisis de rente, de quatre muids de blé mouture et de deux muids de vin, à prendre dans les vinages royaux de notre Orléanais (2).

Jean Luillier, fils de Jean-Charles ou Charlot et beau-frère du trésorier-général, fut, lui aussi, élu procureur de ville, en 1431, 1447 et 1459.

Il semble avoir été l'un de ces riches et dévoués négociants, de ces *marchands bourgeois*, comme on disait alors, dont notre vieil Orléans était fier à juste titre, et qui nous ont légué, dans les façades élégamment sculptées de leurs

(1) Le nom de Charles Luillier est inscrit le premier, sur la liste des douze procureurs, dans les lettres de Jean Le Prestre, garde de la prévosté d'Orléans, en date du 6 avril 1429, après Pâques, et dans celles de Hervé Lorens, lieutenant général du gouverneur, qui, l'un et l'autre, homologuant le choix fait par les procureurs, instituent Jean Hillaire, l'un d'eux, receveur des deniers communs durant les deux années de la gestion. (Archives municipales, Compte de forteresse de Jean Hillaire, 1428-1430.)

(2) Bibliothèque nationale. — Fonds de Bastard-L'Estang, catalogué par l'éminent administrateur général de la Bibliothèque, M. L. Delisle. — Voir aussi Archives du Loiret, série A, 2100.

étroites demeures, de gracieux spécimens du goût le plus
délicat, uni à la simplicité des mœurs.

Il fut chargé, comme on l'a vu plus haut, par Jacques
Boucher, du choix des étoffes de prix employées aux vête-
ments d'apparat dont le duc Charles, après la victoire de
Patay, fit présent à la Pucelle, par la main de son trésorier.

Vingt-six ans plus tard, âgé de cinquante-six ans, il
était appelé à déposer dans l'enquête ouverte à Orléans le
22 février 1456, sous les auspices de Jean Juvénal des
Ursins, archevêque et duc de Reims, et l'un des juges
commis par le Saint-Siège à la revision du procès de
Rouen.

Pour se distinguer d'un autre membre de sa famille,
qui, plus jeune que lui, portait le même nom patronymique
et le même prénom de Jean, il prit, devant les commissaires enquêteurs, la qualification de *senior,* qu'il porte
également dans nos comptes de ville.

Son grave témoignage est l'un de ceux, malheureusement en trop petit nombre, dont le texte presque complet
nous a été conservé dans les procès-verbaux de l'information. Personne, en effet, depuis la mort de Jacques Boucher
et de Jeanne Luillier, son épouse, n'était plus en droit
que lui, de parler avec une haute compétence de la jeune
héroïne, qu'il lui avait été donné d'apprécier de plus près.

Les détails précis qu'il révèle, la netteté de ses affirmations, la déférence toute spéciale avec laquelle elles sont
accueillies par les notaires apostoliques, leur remarquable
analogie avec la déposition de Charlotte Boucher, sa nièce,
la concordance de l'âge, par lui déclaré, avec celui qu'aurait eu alors la femme du trésorier général, tout autorise à penser, avec M. J. Quicherat (t. V, p. 112), que
Jean Luillier, beau-frère de Jacques Boucher, est iden-

tiquement le même que Jean Luillier, *senior*, de l'enquête
orléanaise (1).

Une inscription lapidaire, posée au XVIe siècle dans la
galerie principale des arcades du grand cimetière, mutilée
en 1793, mais dont le texte latin avait été antérieurement
recueilli par notre savant antiquaire, Daniel Polluche,
mentionnait que ce même Jean Luillier, frère de Jeanne,
avait été, pour ses brillants faits d'armes au cours du
siège, créé chevalier à Reims, de la main de Charles VII
et sous le regard de la Pucelle (2).

L'épouse du trésorier général portait dignement, à son
tour, l'héritage de la notabilité paternelle.

La haute marque de confiance que lui donna la cité, le
29 avril 1429, suffirait à révéler de quelle universelle
considération elle était dès lors investie.

Devenue veuve, elle continua d'habiter avec ses enfants
le grand hôtel de la Porte-Renart, consacré pour eux par
le séjour de la libératrice de la France. La respectueuse
déférence qu'aimait à lui témoigner la population orléanaise s'était propagée au dehors.

L'année 1448 en offrit une éclatante manifestation.

Charles VII, en pleine possession de la couronne que
l'épée de la Pucelle avait affermie sur sa tête, eut la patriotique pensée d'achever l'œuvre de délivrance inaugurée
par l'héroïque victime, et de réaliser le fier défi que, sous

(1) Avec quelque soin que ces diverses inductions aient été par
nous étudiées, la similitude du nom patronymique et du prénom
de Jean, portés simultanément à cette époque par plusieurs membres
de cette famille, nous fait un devoir de ne les émettre que sous
réserve des révélations inattendues de l'avenir.

(2) Voir cette inscription lapidaire aux *Pièces justificatives* O.

le poids de ses fers, elle avait infligé à ses juges. Il résolut
d'arracher la Normandie au joug étranger qui pesait sur
elle et de la restituer à la France.

Mais avant d'entreprendre cette glorieuse campagne, il
se fit un devoir, disent ses modernes historiens, MM. Vallet
de Viriville (1) et du Fresne de Beaucourt (2), de la mettre
sous le patronage de la Vierge inspirée qui l'avait conduit
à l'autel de Reims. Il voulut faire une sorte de veillée
d'armes, aux lieux où, pour la première fois, après tant
de désastres, le drapeau français, associé à la bannière de
Jeanne, avait retrouvé le chemin de la victoire.

Le 3 octobre 1448, accompagné des officiers de sa
maison, des premiers fonctionnaires du royaume, des
membres de son Conseil et de ses plus renommés capitaines, Charles VII vint passer, à Orléans, quelques jours.
Par une faveur jusqu'alors sans exemple, et dont la délicate signification dut vivement toucher la famille du trésorier général et la population orléanaise, au lieu, selon
l'usage, de prendre pour résidence le palais ducal, il pré-
féra recevoir l'hospitalité dans l'hôtel de la *Trésorière*,
encore tout imprégné du souvenir de la Pucelle.

Les registres communaux de 1448 et 1449 nous ont
transmis les détails de ce royal pèlerinage. Les mandements de paiement de nos procureurs mentionnent les
dons de vin, de gibier, et de volailles de haute graisse,
offerts par la ville aux éminents visiteurs..... « Au Roy,
six tonnes de vin vermeil et sept muids d'avoine; — à
M. le chancelier, quatre tonnes; — à M⁜ de Dunois, à
M⁜ de Gaucourt, etc., au premier président du Parlement,
à MM. du Conseil, logés à Saint-Samson (l'hôtel-de-ville

(1) *Histoire de Charles VII*, t. III, p. 144, 150.
(2) Du Fresne de Beaucourt, *Histoire de Charles VII*, t. II,
p. 256 et 257.

d'alors), etc., des présents de même nature, en quantités diverses, et souvent renouvelés jour par jour (1). »

Le choix fait par le roi, pour sa résidence personnelle, de l'hôtel du trésorier général, attenant à la Porte Renart, y est constaté en termes d'une clarté qui ne laisse place à aucune incertitude : « *Payé*, y est-il dit, *à Jehan Bergère, demeurant à Orléans, et garde de une des clefs de la Porte Renart, pour avoir vacqué par plusieurs foiz à garder de nuit, et faire prandre garde et fromer ladicte porte, le roy estant en la ville d'Orléans, jusques à XI heures de nuit, pour ce que le roy estoit logé* en l'ostel de la trésorière, *et la cuizine est dehors, ladicte en l'ostel Guillot Dangeau, demorant audit forsbours, devant le boulouart de ladicte porte* (2), *et pour ce qu'il y avoit de gens dudit seigneur logez ausdits forsbours de ladicte Porte Renart, aussy le roy avoit deffendu que on ne fermast point jusqu'à ladicte heure de XI heures de nuit.*

Pour vin donné audit Bergère, par la déliberacion des procureurs, pour ce VIII s. p. (3).

La noble veuve touchait à ses derniers jours. Avant de descendre dans la tombe, elle eut la suprême consolation d'accueillir le roi de France sous le toit où s'était écoulée sa vie, où, vingt ans auparavant, la population

(1) Compte de commune d'André Saichet, 1447 à 1449. (Mandements LX à LXIX.)

(2) Cet hôtel, habité par Guillot Dangeau, semble être l'un de ceux désignés dans l'acte de partage du 12 novembre 1449 comme appartenant aux enfants du trésorier général.

(3) Compte de forteresse d'André Saichet, 1447-1449. (Mandements XXV.)

Lottin, dans ses *Recherches historiques sur la ville d'Orléans,* a mentionné ce séjour de Charles VII à Orléans en octobre 1448 ; mais son récit est entaché de graves inexactitudes et de nombreuses fautes de lecture.

transportée de joie et d'espérance confiait à sa maternelle sollicitude la vierge inspirée qui venait sauver Orléans et la France.

Jeanne Luillier survécut peu à la royale visite qui couronnait sa vie d'un incomparable honneur.

Quelques mois après, par acte devant Geoffroy Bureau, notaire, ses enfants lui faisaient l'affectueux abandon des rentes, revenus et arrérages, échus, tant du vivant de feu leur père que depuis son décès, et ce, pour lui aider *à soutenir et maintenir honorablement son estat.*

Le 29 avril 1449, vingtième anniversaire de l'entrée de Jeanne d'Arc en son hôtel, elle dictait ses dernières volontés dans un testament plein d'intéressants détails et retrouvé dans les vieilles minutes de Geoffroy Bureau, dont M° Paillat, son successeur, est aujourd'hui dépositaire. Nous le publions textuellement aux pièces justificatives (1).

L'acte de partage des biens paternels et maternels, entre les quatre enfants du trésorier général, étant daté, du 12 novembre 1449, le jour précis de la mort de Jehanne Luillier s'établit ainsi entre le 29 avril et le 12 novembre 1449.

Selon le vœu exprimé dans son testament, Jeanne Luillier fut inhumée dans la chapelle du Saint-Sépulcre, en la nef septentrionale de l'église Saint-Paul, vraisemblablement près de la sépulture de son mari.

De son vivant et à sa mort, elle avait enrichi sa paroisse de fondations et de dons de diverses natures, dont quelques-uns sont mentionnés dans un précieux inventaire daté de 1462, et dont il sera parlé ci-après.

(1) Voir, aux *Pièces justificatives*, le document P.

M. Jules Doinel, archiviste du Loiret, après avoir, dans ses intelligentes investigations, recueilli ce curieux document, a bien voulu nous en faire présent et le collationner avec nous.

IV

CHARLOTTE, MADELEINE ET MARIE,
FILLES DU TRÉSORIER GÉNÉRAL.

Les trois filles du trésorier général contractèrent d'honorables alliances, mais les deux plus jeunes, Madeleine et Marie, n'ont laissé que des souvenirs intimes et d'ordre privé, pour ainsi dire. Ces détails ne sont pas, toutefois, dépourvus d'intérêt.

Ainsi le contrat de mariage du 12 juillet 1446, entre Madeleine et Jean Le Cesne (1), fils d'un honorable habitant d'Angers, projette un rayon de lumière sur l'intérieur de la famille, au jour de la venue de Jeanne d'Arc.

Antoine, frère de l'épousée et l'un des signataires de l'acte, s'y déclare âgé de vingt ans, et Marie, sa plus jeune sœur, âgée de dix-neuf. Antoine était donc né vers 1426, Marie, vers 1427.

D'autre part, le 16 mars 1456, dans sa déposition à l'enquête, Charlotte se dit âgée d'environ trente-six ans : *œtatis XXXVI annorum vel circiter*..... Cette affirmation fait remonter sa naissance à l'année 1420.

Enfin Madeleine, plus âgée qu'Antoine et plus jeune que Charlotte, a dès lors sa date de naissance comprise entre 1420 et 1426.

Charlotte, l'aînée des quatre enfants, avait ainsi à peu près dix ans quand, le 29 avril 1429, Jeanne d'Arc vint

---

(1) Minutes d'Arnould Sarre, notaire. Étude actuelle de Mᵉ Fauchon.

prendre place au foyer de son père; Madeleine, six à huit ans; Antoine, environ trois ans; Marie, deux ans seulement.

L'âge des quatre enfants autorise, de plus, quelques inductions sur celui des parents eux-mêmes, qui, dès lors, seraient nés vraisemblablement dans les dernières années du XIVe siècle.

Madeleine. — Diverses clauses du contrat de mariage de Madeleine et de Jean Le Cesne offrent quelque intérêt pour l'étude du style et des usages de nos pères dans les actes de cette sorte, au XVe siècle : « ..... Pour cause d'icellui mariage, y est-il dit, icelle Jehanne a promis et sera tenue vestir et entrousseler sa dicte fille, bien et convenablement suivant son estat, et bailler et paier contant audit Jehan Le Cesne, à cause d'icelle Magdalene, son accordée et pour elle, la somme de mille escuz d'or ayant à présent cours. »

Un autre article fixe le douaire à 50 escuz de rente ou 500 escuz d'or de capital, au choix de l'épousée.

Le 7 janvier 1475, Jehan Le Cesne comparaissait en personne devant Guillaume Peguy, notaire tabellion de la prévôté de Vitry-aux-Loges, à l'occasion d'une chaussée qu'il avait fait construire au long d'un étang, sis en ses héritages de *La Vallée*, pour qu'elle servît de chemin à aller de Vitry à Boiscommun et à l'église de Combreux. Dans cet acte authentique, conservé aux archives de notre Société (1), il prend le titre d'*élu par le roy, notre sire, sur le fait des aydes en l'élection d'Orléans* (2).

(1) Titres du domaine *des Vaux*, commune de Vitry-aux-Loges. (Archives de la Société archéologique et historique de l'Orléanais.)

(2) Les élus, primitivement institués, lors des états généraux de 1356, et choisis parmi les notables habitants des provinces, pour

Vingt ans après, dans un autre acte du 3 avril 1495, annexé au premier, Madeleine Boucher, veuve depuis dix ans environ, ainsi qu'elle le déclare, de Jehan Le Cesne, comparaissait devant Étienne de Foville, licencié en lois, conseiller de Mgr le duc et lieutenant-général de Mgr le gouverneur, au sujet d'un autre étang, sis au lieu des Petites-Liesses, paroisse de Combreux, qui lui appartenait : moitié comme conquest de la communauté ayant existé entre elle et son mari décédé, et l'autre moitié comme l'ayant acquise des héritiers de son dit mari.

Jean Le Cesne mourut donc vers 1484 ou 1485, et, en effet, le 14 juillet 1485, Magdeleine Boucher portait hommage à Jean de Champgiraut, seigneur de Germonville, de sa métairie du Mesnil, en la paroisse de Basoches-les-

régler la perception des aides, destinées à acquitter la rançon du roi Jean, et statuer sur les contestations relatives à ces contributions, furent ensuite maintenus avec les mêmes attributions. Vers la fin du XIVe siècle, leurs fonctions furent érigées en titre d'office. Deux seulement, à l'origine, étaient établis en chaque diocèse. Ils devinrent, dans la suite, plus nombreux et hiérarchiquement organisés. La circonscription, dans laquelle s'exerçait leur autorité, prit le nom d'*élection*.

L'élection d'Orléans avait une étendue considérable.

Nous avons pu recueillir, dans des titres du XVe siècle, les noms de quelques-uns de ces commissaires royaux, en notre province.

Jean Le Cesne, *élu par le Roi*, antérieurement à 1484, eut pour successeur noble homme Aignan de Saint-Mesmin, licencié ès-lois. En 1494 et 1501, Aignan de Saint-Mesmin, devenu, depuis, lieutenant général du bailliage, prenait le titre d'*élu par le Roi à Orléans*, dans deux actes d'acquisition « à rente ferme ou pension à toujoursmès », d'une maison appartenant au chapitre de Saint-Pierre-Empont, sise dans l'enceinte claustrale de cette antique collégiale.

Cette maison, dont les titres sont en notre possession, fut reconstruite par Aignan de Saint-Mesmin pour son habitation et celle de sa famille, et porte aujourd'hui le n° 15 de l'ancien cloître.

François Vaillant était *élu pour le Roy*, *en l'élection d'Orléans*, lors de la réformation de notre coutume, en l'année 1509, etc.

Hautes (1), et s'y déclarait veuve de Jean Le Cesne, son défunt mari.

Sept ans plus tard, le 7 octobre 1492, par acte devant Courtin, notaire, Madeleine faisait don à sa sœur Marie, veuve comme elle, d'une notable partie de sa fortune (2).

Nulle mention d'enfants, succédant à leur père, ne se rencontre dans aucun de ces actes, non plus que dans les papiers censiers de Saint-Laurent des Orgerils, dont il sera parlé ci-après; des héritiers collatéraux y sont seuls comparants ou nommés. On doit en conclure que Jean Le Cesne et Madeleine Boucher, son épouse, n'ont pas laissé de postérité.

Marie. — Peu après le mariage de Madeleine, dès lors vers 1447 ou 1448, Marie, sa plus jeune sœur, épousait Simon Chenu, licencié en lois, escolier estudiant en l'Université, qui, plus tard, devint bailli de l'évêque d'Orléans (3).

En novembre 1478, âgée d'environ cinquante ans, dans l'acte de vente d'un hôtel, à elle appartenant, sis en la

(1) Minutes de Sevin, notaire.
(2) Minutes de Courtin, notaire au Châtelet d'Orléans.
(3) Les baillis, dont l'institution remonte au XIIe siècle, avaient pour mission principale d'administrer la justice : dans les bailliages royaux, au nom du prince, et dans les juridictions particulières, au nom des corporations religieuses ou des seigneurs.
L'office de bailli de l'évêque d'Orléans avait, au XVe siècle, une importance considérable, à raison des nombreux domaines qui relevaient temporellement de l'autorité épiscopale, et dans lesquels l'évêque avait droit de haute, moyenne et basse justice. Les noms de plusieurs titulaires successifs nous ont été conservés. Ils appartiennent, pour la plupart, aux familles les plus notables de la cité.
— Clément de Milbert, assistait, en 1509, comme bailli de l'évêque d'Orléans, aux solennelles réunions des trois états du bailliage, pour la révision de la coutume.

paroisse Saint-Paul, devant le cloître de cette église, elle déclarait être veuve.

L'époque précise de sa mort et celle du décès de son mari ont échappé à nos recherches. On sait seulement, par les papiers censiers de Saint-Laurent des Orgerils, que Marie n'existait plus en 1505, et que deux enfants étaient issus de son mariage : un fils, Guillaume, et une fille nommée Marie comme sa mère, épouse de Guillaume de l'Aubespine, bourgeois d'Orléans. Ce Guillaume de l'Aubespine est, selon toute vraisemblance, le chef de l'illustre famille, qui, moins de deux siècles après, s'élevait à de hautes dignités et projetait sur notre province un véritable éclat (1).

Charlotte. — Plus favorisée que les autres, l'aînée des quatre enfants, eut l'heureuse fortune d'être honorée de la virginale affection de la Pucelle, et d'inscrire son nom dans le glorieux épisode de la délivrance.

Son témoignage, consigné dans l'enquête orléanaise pour la réhabilitation, a été recueilli par l'histoire.

Le 16 mars 1456, le même jour que Jean Luillier, son oncle, Charlotte fut appelée à déposer, devant les notaires ecclésiastiques, des faits dont elle avait personnellement connaissance.

Âgée de trente-six ans, elle avait pour époux un honorable Orléanais, Guillaume Hanet, élu, en 1451, procureur de la ville (2).

---

(1) Voir aux *Pièces justificatives*, document R, cet extrait textuel des titres censiers de Saint-Laurent-des-Orgerils.

(2) Guillaume Hanet et sa femme habitaient alors, rue de la Cholerie, un hôtel appartenant aux hospices, et qu'occupait avant eux Jean-Charles Luillier, dit Charlot, leur aïeul.

Un bail emphytéotique du 20 février 1447, conservé dans les mi-

Sous la foi du serment, elle rendit un solennel hommage à la Vierge inspirée dont elle avait partagé la couche, à son religieux patriotisme, à la vivacité de sa foi, à l'incomparable pureté de ses mœurs.

Elle déclara que Jeanne assistait chaque matin à la messe, s'approchait fréquemment des sacrements, et ne manquait jamais de communier, les jours où elle devait prendre les armes.

Elle ajouta que la pieuse enfant ne cessait d'exhorter ses parents, et surtout sa mère, à mettre en Dieu seul leur confiance, leur promettant qu'il exaucerait leurs prières, chasserait leurs ennemis et délivrerait leur ville.

Cette formelle attestation des saintes habitudes de la libératrice, émanée de la fille du trésorier général, témoin oculaire et intime de sa vie, durant son séjour en notre cité, est l'une des plus importantes, assurément, qui soient parvenues jusqu'à nous (1).

---

nutes d'Arnoul Sarre, constate qu'ils avaient loué cet hôtel moyennant 12 livres parisis de rente, plus 100 écus d'or payés comptant, avec obligation, entre autres charges accessoires, d'employer, dans le cours des trois premières années, 500 écus d'or en travaux d'embellissement de la maison.

Un descendant de Guillaume Hanet, Pierre Hanet, bourgeois d'Orléans, et dame Anne Le Roy, sa femme, étaient propriétaires, vers l'année 1625, de l'une des maisons dont il a été parlé ci-dessus (p. 426), sises dans le cloître de Saint-Pierre-Empont, primitivement acquises, en 1494 et 1501, du chapitre collégial de cette antique église, par noble homme Aignan de Saint-Mesmin, élu du Roy et licencié en lois, et par lui reconstruite, à neuf, dans le style de cette époque.

(1) QUICHERAT, *Procès*, t. III, p. 34.

V

ANTOINE BOUCHER, FILS DU TRÉSORIER GÉNÉRAL.

Antoine Boucher, sieur de Guilleville et de Mézières, fut l'unique fils du trésorier général.

Pasquier Boucher, dont il a été parlé plus haut (page 9), procureur de ville en 1443, monnayeur (administrateur de la Monnaie d'Orléans) en 1447 et 1449 (1), n'était donc pas fils de Jacques Boucher, comme quelques-uns l'ont pensé à tort, mais seulement un de ses proches, son neveu, selon toute vraisemblance.

Bien que le nom de Pasquier Boucher ne figure pas sur l'épitaphe, nous recueillerons, en passant, un intéressant épisode de notre siège de 1429 qui se rattache à son souvenir.

En décembre 1428, Pasquier Boucher et Gilet de l'Aubespine, parents du trésorier général, étaient délégués par les habitants d'Orléans, pour aller recevoir, à Poitiers, « la somme de six cens livres tournois, donnée et octroyée par les mayre, bourgoys et habitans de la dite ville, et celle de trois cens livres donnée et nombrée par Messeigneurs les gens d'église, aux bourgoys et habitans de notre cité, pour leur ayder à soustenir les grandes affaires qui leur convient à supporter, pour résister aux ennemis du roy, nostre sire, qui sont devant la ville d'Orléans ».

Pasquier Boucher donna quittance de ces neuf cens livres tournois, par acte authentique du 8 décembre 1428. Cette

(1) Compte de commune d'André Saichet, mandements 64 et 77.

quittance est conservée dans les archives municipales de
Poitiers (carton n° 30) et mentionnée aux articles 2 et 934
de l'inventaire (1).

Antoine Boucher, fils du trésorier, avait étudié, dans sa
jeunesse, à l'Université de lois d'Orléans ; plus tard, il
aimait à prendre le titre, cher aux Orléanais, d'*étudiant
de l'Université.*

Il porte aussi, dans plusieurs actes, celui de secrétaire
du roi et de contrôleur de l'artillerie.

Il habitait l'hôtel de la Porte-Renart ou de l'Annonciade,
resté indivis entre ses trois sœurs et lui, aux termes de
l'acte de partage du 12 novembre 1449. La sentence
amiable d'arbitrage, datée du même jour, l'en avait institué locataire, au prix annuel de quarante écus d'or (2).

Il y continua les traditions du patriotisme et du dévoûment paternels.

Les Orléanais surent lui en tenir compte, et six fois,
successivement, en 1461, 1467, 1473, 1481, 1487 et 1497,
ils l'appelèrent aux fonctions de procureur de la ville (3).

Son aïeul, ses oncles et ses cousins maternels, Charles,
Jean, Aignan et Jacques Luillier, furent, eux aussi, durant

(1) *Bulletin*, n° 132, de la Société archéologique et historique de
l'Orléanais (1er trimestre 1887, pages 32 et suiv.). Communication
de M. Léon Dumuys, titulaire résidant.

(2) Cet acte amiable d'arbitrage entre les quatre enfants de Jacques
Boucher et de défunte Jehanne, sa femme, daté du 12 novembre
1449, a été retrouvé, avons-nous dit, par Mlle de Villaret, dans les
minutes d'Arnoul Sarre, notaire.
Les trois amis de la famille choisis comme amiables compositeurs
étaient Jehan Hillaire, procureur de ville et receveur des deniers
communs durant le siège, Jehan de Coulons et Guillaume Roillard,
notables bourgeois, plus tard entendus dans l'enquête. (Voir, aux
Pièces justificatives, le document B *bis*.)

(3) Archives municipales d'Orléans. — Comptes de commune.

ce même siècle, soit ensemble, soit séparément, promus dix-sept fois au même honneur par l'élection populaire.

Le 16 mars 1485, Antoine Boucher recevait, de ses concitoyens, un témoignage signalé de confiance, dans une circonstance mémorable qu'il n'est pas sans intérêt de rappeler ici.

Aux élections communales du 6 mars 1485, Robert de Foville, lieutenant général du gouverneur du duché, portant, malgré d'énergiques résistances, une grave atteinte aux privilèges de la ville, avait osé, sans droit, pénétrer dans l'assemblée et peser de son autorité sur la nomination des procureurs.

Pierre Compaing et d'autres notables, dont Antoine Boucher faisait vraisemblablement partie, allèrent immédiatement porter à Charles VIII les protestations des habitants.

Le Roi fit droit à leur requête, cassa les élections entachées de pression illégale, et ordonna qu'il fût informé contre Robert de Foville et procédé, sans retard, à des élections nouvelles.

Quelques jours après, le 16 mars, la population orléanaise, convoquée aux halles en assemblée générale, acclamait les généreux défenseurs des franchises qui lui étaient si chères, et, suivant l'antique usage, chargeait sept notables, Antoine Boucher, Colin Colas, Jehan Hillaire, Jehan de Saint-Mesmin et trois autres, d'élire, à leur choix, douze nouveaux procureurs pour gérer, durant deux ans, les affaires de la communauté (1).

(1) Voir notre étude ayant pour titre : *Élections communales d'Orléans du 6 mars 1485. — Atteinte aux privilèges de la cité. — Annulation de l'élection et confirmation des droits des habitants par Charles VIII. — Extrait des registres de comptes d'Orléans.* (Revue des Sociétés savantes, 7ᵉ série, t. V. — Paris, Imprimerie nationale, 1881.)

L'administration de la cité n'absorbait pas exclusivement le dévoûment d'Antoine Boucher à l'intérêt public.

La paroisse Saint-Paul, où son père et sa mère avaient vécu, où reposaient leurs restes, et qu'il habitait lui-même, ne fit pas inutilement appel à son zèle et lui conféra, en 1477, le titre de *gagier du grand banc*, comme on disait alors.

Il eut ainsi sous sa garde le précieux dépôt des livres, joyaux, ornements et reliquaires dont s'enorgueillissait cet antique sanctuaire, et dont le curieux inventaire, dressé en 1462 par les *gagiers*, ses prédécesseurs, a été récemment retrouvé par Mlle de Villaret dans le chartrier de l'église Saint-Paul, et qu'avec sa bienveillante autorisation, nous avons publié, en 1882, dans le *Bulletin des travaux historiques* (1).

Antoine Boucher nous a laissé, à son tour, en ses comptes détaillés de gestion, de 1477 à 1480, l'un des plus intéressants et plus anciens documents que possèdent les archives de cette vénérable église.

Il prit, au cours de ses fonctions, une part considérable aux travaux d'appropriation et d'agrandissement qui y furent effectués alors.

Aussi, quand, le 3 avril 1480, l'évêque d'Orléans, François de Brilhac, vint bénir ces constructions nouvelles et consacrer un autel dans la chapelle de Notre-Dame-des-Miracles, l'administrateur dévoué de la paroisse et de la cité obtint le légitime honneur de recevoir le prélat dans son hôtel.

Les registres paroissiaux nous ont transmis les détails de cette solennité et jusqu'au menu du banquet épiscopal.

(1) *Inventaire des livres, joyaux, ornements, etc., de l'église Saint-Paul d'Orléans.* (*Bulletin des travaux historiques*, n° 2, 1882.) Paris, Imprimerie nationale.

Ce récit, publié par l'auteur des *Antiquités de Saint-Paul*, offre un curieux spécimen des mœurs et des usages de nos pères au XVe siècle (1).

Antoine Boucher avait épousé Guillemette Le Charron. Il en eut trois fils et une fille :

Jean, qui continua sa postérité en notre province;

Jacques, chanoine de Saint-Aignan et archidiacre de Sully en 1479 ;

François, conseiller au Parlement de Paris en 1505, 1510 et 1515 (2), tige d'une branche parlementaire qui, à la fin du XVIIe siècle, avait encore à Paris des représentants ;

Marie, épouse d'Aignan de Cosmy, dont le père, Cosme de Cosmy, fut l'un des notables orléanais appelés à déposer dans l'enquête pour la réhabilitation.

Jean, l'aîné des trois frères, eut à son tour de Louise Morin, sa femme, deux fils : Michel et Jacques, chefs des deux branches qui, après s'être alliées aux l'Aubespine, aux de l'Écluse, aux Beauharnais, aux Bongars, etc., donnèrent à notre cité des magistrats, des procureurs de ville, des dignitaires du clergé et du chapitre cathédral (3).

(1) *Antiquités de Saint-Paul*, p. 254, et *pièce justificative* XIX.

(2) BLANCHARD, *Catalogue des conseillers au Parlement de Paris*, page 46.

(3) Michel Boucher, sieur de Guilleville, fils de Jean et chef de la branche aînée, épousa Anne Le Breton; il en eut un fils nommé, comme lui, Michel, père de Jean Boucher de Guilleville, échevin en 1617, dont il va être parlé ci-après.

Jacques Boucher, sieur de Mézières, fils puîné (peut-être petit-fils) de Jean et de Louise Morin, et chef de la branche cadette, épousa Marie de l'Écluse. Ses aveux et ports de foi du domaine de Mézières sont annexés aux titres de cette propriété. (Titres des fiefs de Guilleville, canton de Janville (Eure-et-Loir), et de Mézières, en la commune de Trinay, canton d'Artenay (Loiret).)

De ces deux branches, une seule s'est continuée jusqu'à nous, celle des Boucher de Guilleville et de Mauny s'étant éteinte au XVIII⁰ siècle.

Antoine Boucher vivait encore en 1503, car à cette date, dans la censive Lamyrault, conservée aux archives départementales, le cens d'une maison qui lui appartenait, rue de la Favrie, est payé à son nom.

En 1505 il avait cessé d'exister; on lit, en effet, dans le papier censier du prieuré de Saint-Laurent des Orgerils, pour l'année 1505 : *Cens dû au prieur de Saint-Laurent par honorable homme et saige, François Boucher, conseiller du roi, notre sire, en son Parlement de Paris, fils de feu Antoine Boucher, en son vivant bourgeois d'Orléans..... et par Guillaume de l'Aubespine et autres héritiers de feue Madeleine Boucher et Marion Boucher..... enfants de feu sire Jacques Boucher, en son vivant trésorier général de feu M⁰ʳ le duc d'Orléans..... pour leur hostel du vergier Saint-Jacques, etc... (1).*

Antoine, né, comme nous l'avons dit, vers 1426, mourut donc entre 1503 et 1505, dans le grand hôtel de la Porte-Renart ou de l'Annonciade, que son fils Jean et ses deux petits-fils, Michel et Jacques, continuèrent d'habiter après lui (2).

François Boucher de Guilleville, fils d'Antoine. — Quand, par lettres-patentes données à Blois, le 18 septembre 1509, Louis XII eut prescrit que les coutumes du bailliage d'Orléans fussent définitivement revues, réformées et sanctionnées par l'autorité souveraine, trois mem-

(1) Voir aux *Pièces justificatives* le document R.
(2) Voir l'Appendice 1⁰ʳ : *Le grand hôtel de la porte Renart,* à la suite des *pièces justificatives.*

bres du Parlement de Paris furent par lui *ordonnés* pour
présider, comme commissaires royaux, à cette solennelle
révision.

François Boucher, fils d'Antoine et petit-fils du trésorier général, fut l'un de ces trois délégués du pouvoir
royal.

Les lettres-patentes s'expriment ainsi qu'il suit, à cet
égard :

« Louis, par la grâce de Dieu..., etc.

« A nos amez et féaux, maistres François Boucher,
Estienne Buynard, conseillers en la Cour de Parlement, et
Guillaume Rogier, notre procureur général, salut et
dilection...

« Savoir faisons que nous, désirant, pour le bien de nos
sujets, les coutumes de notre royaume être accordées en
l'assemblée des trois estats de chaque bailliage, rédigées
par écrit, rapportées par devers les commissaires, sur ce
par nous députés, publiées et enregistrées pour être gar-
dées désormais comme loi...

« Vous mandons que vous transportiez au siège du
bailliage d'Orléans, et illec faites assembler tous et chacun,
les comtes, barons, chastelains, seigneurs hauts justiciers,
prélats, abbés, chapitres, nos officiers audit lieu, licen-
ciés, praticiens, bons et notables bourgeois..., et, en leur
présence, faites lire et accorder lesdites coutumes, mettre
et rédiger par écrit les différens et discors, pour être rap-
portés devant les gens de notre Parlement, afin d'en ordonner comme de raison..., etc., etc. »

Cette révision, depuis longtemps désirée, s'accomplit
avec une grande solennité.

(1) *Coustumes générales des bailliage et prévosté d'Orléans, revues, corrigées, avec le procès-verbal,* etc., par Léon Trippault,
avocat au siège présidial. Orléans, Éloy Gibier, 1570.

Dans une assemblée générale des trois estats du bailliage d'Orléans, convoqué par les soins du lieutenant général Aignan de Saint-Mesmin, dans la grande salle de la Cour-le-Roy du Châtelet, en présence des commissaires royaux, les divers articles de notre coutume furent successivement lus, discutés, modifiés ou formellement approuvés.

Procès-verbal en fut dressé ; et l'on y lit avec un vif intérêt, après les observations motivées de cette grave assemblée, les noms et qualités des délégués de l'autorité royale, puis ceux des gens d'église, nobles, officiers, docteurs régents de l'Université, échevins et notables bourgeois d'alors, ou de leurs fondés de pouvoir. C'est l'une des pages les plus curieuses de notre histoire locale.

La considération que François Boucher s'était personnellement acquise, au Parlement de Paris, fut, sans doute, son principal titre à la haute mission que lui confia Louis XII.

Il est, toutefois, permis de croire que son origine orléanaise et les honorables souvenirs de sa famille et de son aïeul concoururent à lui mériter l'honneur d'attacher son nom à l'un des graves évènements consignés dans les annales de notre province.

Jean Boucher de Guilleville. — Deux siècles s'étaient écoulés depuis la mort du trésorier général. Son petit-fils au cinquième degré, Jean Boucher de Guilleville, élu échevin d'Orléans en 1617, avait été délégué en cette qualité à Paris, avec Guy Hurault, son collègue, pour y suivre d'importantes affaires, auprès du Parlement, du grand Conseil, et des principaux ministres de Marie de Médicis et de Louis XIII.

Il y fut, fortuitement, témoin oculaire d'un des drames politiques les plus tragiques de cette époque, le meurtre du maréchal d'Ancre, dont il s'empressa de faire connaître au Conseil de ville les intéressants détails.

Sa curieuse correspondance, conservée en nos archives municipales, a été récemment mise en lumière dans une notice historique d'un vif intérêt (1). Les sages appréciations de l'échevin de 1617 sur les graves événements qu'il raconte, et les généreuses pensées qu'il y exprime, montrent que les sentiments de patriotisme et de dévoûment à la cité dont, au XVe siècle, s'était inspiré son ancêtre, n'avaient, après tant d'années écoulées, subi nulle atteinte dans le cœur de ses descendants.

VI

CONCLUSION.

Ce n'a pas été sans quelque émotion, qu'étudiant dans notre histoire locale les faits d'ordre public auxquels furent associés les noms inscrits sur l'épitaphe, nous en avons vu ressortir la vivante image des mœurs patriarcales de notre vieille bourgeoisie orléanaise.

Spécialement conviée aux affaires par la situation commerciale de la cité sur le beau fleuve dont les eaux baignent les murs, par ses habitudes séculaires et sa puissante

(1) *Concino-Concini, marquis d'Ancre, maréchal de France*, récit de sa mort, par M. Boucher de Guilleville, échevin d'Orléans, témoin oculaire, suivi de *Pièces justificatives*, — par M. Jules-Stanislas DOINEL, officier de l'instruction publique, archiviste du Loiret, membre de la Société archéologique et historique de l'Orléanais. (*Mémoires de la Société archéologique et historique de l'Orléanais*, t. XVIII. — Et Herluison, libraire à Orléans, 1884.)

corporation des marchands fréquentant la Loire, elle culti-
vait, avec une égale ardeur, les sciences et les lettres dans
ses grandes écoles et sa célèbre Université.

Fidèle à ses princes jusqu'aux héroïques sacrifices, elle
n'était pas moins jalouse de ses antiques libertés communales, sanctionnées par leurs édits.

Sévèrement économe dans sa vie privée, elle versait à
pleines mains ses épargnes pour fortifier ses remparts,
venir en aide à ses ducs et défendre les grands intérêts
de la patrie (1).

Profondément et sincèrement religieuse, elle associait,
dans ses joies comme dans ses tristesses, la prière publique
à sa gratitude et à ses douleurs.

Fière à juste titre de ses anciennes familles, gardiennes
de sa fortune et de son honneur, elle voyait, avec une
égale complaisance, les unes perpétuer, dans les carrières
paternelles, le culte héréditaire d'une constante probité et
d'une inflexible droiture, les autres, comme les Bongars,
les l'Aubespine, les de Thou, les Beauharnais, s'élever
pas à pas, par l'exercice des fonctions publiques et une
notoriété légitimement acquise, d'une condition modeste
à l'origine jusqu'au sommet des plus éminentes dignités.

Ces vertus publiques et privées semblent justifier son
glorieux privilège d'avoir tenu deux fois en ses mains et
fait triompher deux fois la cause sacrée de l'indépendance
nationale.

Si nous n'eussions craint de dépasser les bornes de cette
simple notice, il nous eût été facile de recueillir, avec

---

(1) Les trois quarts des revenus de la cité étaient consacrés,
chaque année, à l'entretien de son armement et de son enceinte
fortifiée, ou, comme on disait, de la « forteresse »; un quart seulement était affecté aux autres dépenses communales.

plus de détails, dans le riche trésor de nos annales orléanaises, les traits caractéristiques de cette haute bourgeoisie, qui, par son dévoûment et ses éminents services,
s'est acquis une place d'honneur dans l'histoire de notre
civilisation française.

Nous l'eussions montrée à l'œuvre, bienveillant intermé-
diaire entre les sommités sociales et les classes laborieuses,
enseignant aux masses populaires, par ses conseils et ses
exemples, les voies régulières du progrès providentiel : le
respect des lois divines et humaines, la prévoyante économie, la pacifique revendication des libertés légitimes.

Nous eussions aimé à la voir, par le culte approfondi
des choses intellectuelles, la dignité des mœurs et la libé-
ralité des patriotiques sacrifices, instituer, à côté de la
noblesse de race et d'épée, une aristocratie nouvelle, née
du christianisme, plus modeste en ses allures, non moins
digne que l'autre de gratitude et de respect, et dont la
radieuse figure de la Pucelle apparaît, à juste titre, comme
l'idéale personnification.

Des mains plus autorisées que les nôtres sauront, quelque jour, mettre en pleine lumière ces nobles traditions
provinciales, trop ensevelies encore dans les limbes de nos
archives.

Nous nous bornerons à déduire, des faits rappelés en
cette étude, que la restitution du monument funéraire de
l'église Saint-Paul n'est pas seulement l'acquit d'une dette
de famille, mais un juste hommage aux souvenirs historiques de la paroisse et de la cité.

PIÈCES JUSTIFICATIVES

DOCUMENT A.

(Voir page 8.)

Jacques Boucher en 1412.

Le lundy 31 octobre 1412, Symonnet de Saint-Mesmin et Jehan Berthe, bourgois, demourans à Orliens, confessent avoir plégié et caucionné Jaquet Bouchier, receveur des aides octroyés à M. le duc d'Orliens, ès-terres qu'il a ès-villes et chastellenies de Chasteaudun, Bonneval et Vendosme, et en toutes ses autres terres et ressors enclavez en ycuelx, de bien et loyalment faire et exercer ledit office à peine de mil francs d'or ; laquelle somme les dessus diz ont gaigée et promis paier au Roy nostre sire, ou cas que faulte sera trouvé sur ledit Jaquet à cause dudit office.

(Archives départementales d'Eure-et-Loir, E. 2712.)

DOCUMENT A bis.

(Voir page 8.)

Pasquier Boucher.

Le vendredi 14ᵉ février 1388, Jean de Perthe reconnaît avoir receu dès le 21ᵉ jour de juing derrenier passé, de Pasquier

Bouchier, receveur, à Vendosme et à Chasteaudun, des aides de
la guerre, la somme de six livres tournois pour les despens et
sallaire de lui, son varlet et deux chevalx, pour avoir esté en la
compaignie dudit receveur, dudit lieu de Vendosme à Paris,
lui aider à conduire, pour la doubte et périlz des chemins, la
somme de quatre cens livres tournois, des deniers de l'aide du
voyage de Espaigne.

(Archives départementales d'Eure-et-Loir, E. 2701.)

Document *B*.

(Voir page 9.)

*Extrait de l'acte de partage des successions de Jacques
Boucher et de Jeanne Luillier, son épouse, entre leurs quatre
enfants, devant Mᵉ Arnoul Sarre, notaire au Châtelet
d'Orléans.*

(12 novembre 1440.)

Anthoine Boucher, d'une part; — Guillaume Hanet et
Charlotte sa femme, à cause d'elle; — Jehan Le Cesne, et
Magdalene sa femme, à cause d'elle; — Maistre Simon Chenu
et Marion sa femme, à cause d'elle, d'autres parts; — lesdites
Charlotte, Magdalene, Anthoine et Marion, frères et sœurs,
enffans et héritiers de feu Jacques Boucher, jadix trésorier de
Monseigneur le duc d'Orléans, et de feue Jehanne, jadix sa
femme, establis, etc..., recognurent et confessèrent que par
l'advis et conseil de Jehan Hillaire, Jehan de Colons et
Guillaume Roillart, bourgeois d'Orléans, ad ce faire présents,
et d'autres leurs parents et amis, elles avoient loti, parti et
divisé entre elles, en plus également que faire on avoit pu, et,
par ces présentes, lotissent, partissent et divisent les héritaiges
tant censuelz que féodaux, cy après déclairez, qui estoient
communs à partir entre icelles parties, à cause des successions

et héréditacions de leurs diz feux père et mère, en telle manière....

Ledit Anthoine Boucher a prins, choisi, et lui demeure pour lui, ses hoirs et aians cause de lui, à tousjoursmès, lesdiz héritaiges féodaulx, déclairez cy après, pour les droiz qui lui en appartenoient : c'est assavoir, tant pour son maistre lieu, comme pour sa moictié ou demourant, desdits héritaiges féodaulx, en ce présent partaige contenuz, le lot et porcion dont la déclaracion sensuit :

Premièrement, ung lieu, manoir et mestairie assis en pays de Beausse, appellé Guilleville-Saint-Père, ainsi que ledit lieu se poursuit et comporte, en maisons couvertes de thieulles (tuiles), granges couvertes de chaume, colombier couvert de thieulles, terres, bois, garennes, fiez, vassaulx, cens, rentes et autres appartenances qu'eulxconques, tenus en fief de Monseigneur du Puiset.....

Item ung autre lieu, manoir et mestairie d'Appoigni, assis en la paroisse de Coinces, en Beausse, ainsi qu'il se comporte et poursuit, en maisons à demourer, grange, colombier couvert de thieulles et bergeries couvertes de rousches, terres, bois, buissons, garennes et autres appartenances quelconques, tenuz en fief de la seigneurie de Montjay, excepté environ quinze muys semeur de terre, des appartenances dudit lieu qui sont tenuz en fief du lieu de la Beausserie...

(Et plus loin) *Item* le lieu de Mezières, à présent en mazure, sans édiffices, avecques les terres, fiefs, vassaulx qui y appartiennent et environ sept francs treize sols de menus cens, sur plusieurs terres et héritaiges ; ledit lieu assis en la paroisse de Trinay eu Beausse, tenu en fief de Pierre de Barville, chargé de deux mines de blé de rente, chascun an, envers le curé de Mervilliers...

Item trente-trois arpens et demi de bois en treffons en la forêt d'Orléans en la garde de Gomas tenus en fief du seigneur de Marcore...

Par ainsi que ledit Anthoine, de sa voulenté, a volu et vieult récompenser ses dites sœurs et leurs diz mariz pour elles, pour cause que la porcion qu'il prend et à lui demeure, desdits fiefs déclairés en cest présent partaige, oultre son maistre lieu, est, de plus grant valleur que sa moictié qu'il en doit avoir, à prendre ladite récompensation sur les héritaiges censuelz qui escherront en son lot.....

Et, au surplus, ont les dessusdiz enffans, par le conseil de leurs diz amis, faitz ou fait faire quatre lots desdits héritaiges, censuels, lesquieulx lots ont été gectez entre eux, en quatre cedules et, par le bail d'iceulx lots, est advenu audit Anthoine, desdits héritaiges censuels et lui demeure à toujoursmès, les héritaiges qui ensuivent :

Premièrement... etc. (suit, pour chacun des quatre lots, l'énumération détaillée des biens et rentes dont il se compose) : hostels couverts d'ardoises, de tuiles ou d'esseaunes, tant dans la ville que dans les faubourgs et ailleurs, sis rue d'Angleterre, de la Vieille-Poterie, Macheclou, des Hôtelleries, cloître Saint-Paul, rue et faubourg de la porte Renart, de Montpipeau, etc.; — maisons et vergers, clos de murs, à la butte des arbales-triers, à Saint-Lorens-des-Orgerils, près la croix Boissée, étant dans la censive du prieur de Saint-Laurent, etc.; — maisons de vignes et pressoirs garnis de cuves, au clos Boudart et à la Borde-aux-Mignons, en la paroisse Saint-Marc; au Bouschet, près la rivière, paroisse de Saint-Denis-en-Vaulx; au grand clos du Guigny près le portereau, lesquelles furent à feu Jean Le Blanc, argentier de la reine; à Saint-Jean-de-la-Ruelle, etc.; — maisons à Beaugency, à Coinces, à Patay, à Bonneval, à Blois, etc.; — prés à Mareau; — bois en la forêt d'Orléans; — rentes annuelles et perpétuelles, etc.;

« Et demeure à partir (est-il dit à la fin de cette longue énu-mération), entre les diz frères et sœurs le grant hostel de la porte Renart, ainsi qu'il se comporte de tous coustés, où lesdits deffuntz faisoient leur demourance; et demourra commun à chacun desdits enffans, pour les quatre parties; lequel hostel ledit Anthoine Boucher doit tenir, à tiltre de loier, jusques à certain temps et pour certain prix déclairé en certains autres accords, aujourd'hui passés entre eulx...

« ... Ce fut fait et passé le XII° jour du mois de novembre
l'an mil cccc quarante-et-neuf. »

(Minutes d'Arnoul Sarre, notaire au Chastelet d'Orléans.
— Étude actuelle de M° Fauchon, notaire)

DOCUMENT *B bis*.

(Voir page 9.)

*Extrait de l'acte amiable d'arbitrage, entre les quatre
enfants du trésorier général.*

(12 novembre 1449.)

Comme certains débats furent meus entre Guillaume Hanet
et Charlotte sa femme ; Anthoine Boucher ; Jean Le Cesne et
Magdalene sa femme ; M° Simon Chenu et Marion sa femme ;
enfants et héritiers de Jacques Boucher, etc..., touchant aucunes
chouses de la succession desdits deffuntz ; et pour paciffier ces
discors eussent esleu et volu croire Jehan Hillaire, Jehan de
Colons et Guillaume Roillart, bourgeois d'Orléans, comme
parens, amis et amiables compositeurs, par devers lesquels
icelles parties eussent baillé leurs demandes et les causes de
leurs débats... pour y avoir advis et estre informés de ce qu'il
serait à faire... les requérans qu'ils en voulussent ordonner à
leur bon plaisir....

Statuant alors sur les questions qui leur étaient soumises, les
trois amiables compositeurs décident entre autres choses :

... En ce qui concerne la maison rue de la Choulerie, tenue
à rente de l'hostel Dieu, et le vergier étant devant elle, où
demeurait Charlot Luillier, aïeul des quatre enfans du trésorier, à laquelle maison leur mère avait droit à partir, dans
la succession dudit Charlot son père, avec Jean Luillier son
frère.... il est dit que Guillaume Hanet, à qui la maison et le

vergier étaient échus en partage, sera indemnisé des charges qui leur étaient afférentes....

En ce qui touche le grant hostel de la porte Renart, où lesdits deffuntz faisoient leur demeure, ladite maison sera et demeurera commune auxdites parties... et Anthoine Boucher la tiendra et exploitera à titre de loier, avec toutes ses appartenances, dès maintenant jusques à la Saint-Jean-Baptiste prouchaine, et d'icelle feste jusques à quatre ans prouchains après ensuivant, pour le prix de quarante escuz d'or, par chascun an, à paier par porcion aux termes accoutumés à Orléans.

De son costé, Anthoine Boucher sera tenu de délivrer à Guillaume Hanet, dès maintenant et pour le même temps de quatre années, le petit hostel qui est joignant la porte Renart, tel qu'il se poursuit et comporte, estant des appartenances dudit grand hostel; à titre de louage, pour la somme de six escus d'or de loier chacun an....

Lecture oye desdits appointements et arbitrages, lesdites parties y ont obtempéré et acquiescé, et s'y sont obligés par leur foy et serment, etc.

Ce fut fait et passé le XII⁰ jour de novembre mil cccc quarante-neuf.   *Signé :* SARRE, notaire.

(Minutes d'Arnoul Sarre, notaire à Orléans.)
(*Communications de Mademoiselle de Villaret.*)

DOCUMENT C.

(Voir page 10.)

Coopération du trésorier général à la défense de la ville et du duché.

Quelques mentions relatives au trésorier général, recueillies parmi beaucoup d'autres, dans nos comptes de ville, suffiront à montrer avec quel dévoûment il concourait à la défense de la cité.

.... De Jacques Boucher, trésorier général de Monseigneur

le duc d'Orléans, duquel au nom de mondit seigneur, lesdiz procureurs ont empruntée et receue par les mains de Guillaume de la Rivière, lieutenant du guet d'Orléans, la somme de VIIxx VIII l. p. yssue, pour le droit dudit seigneur, de la gabelle de VII muis de sel, mesure de Paris, vendus ou grenier d'Orliens, ou moys d'octobre MCCCCXXVI, pour plus présentement trouver argent pour délivrer à Monseigneur de Mortemar, Hue de Saint-Mars, et Me Hugues Perrier, ambaxeurs de mondit seigneur, qui les avoit mandez alors devers lui, au royaume d'Angleterre, pour le fait de l'abstinance de guerre, pour ses païs, envers les Anglais... pour les deffraier de leurs despenses, en poursuivant ladite abstinance. . Cy VIIIxx VIII l. p.

(Compte de Jacques de Loynes. — Commune, 1424-1426.
Recepte d'emprunts faits par la ville.)

.... De Jacques Boucher, trésorier de Monseigneur le duc d'Orls., duquel, au nom de mondit seigneur, lesdiz procureurs ont emprunté et reçeu, par les mains de Thomas de la Rivière, grenetier d'Orls., la somme de IIIIc VIII l. x s. p. à VII l. t. marc d'argent, yssue pour le droit dudit seigneur de la gabelle de XVII muys et ung minot de sel, mesure de Paris, vendu ou chalan, à la poterne Chesneau le XXVIIIe jour d'aoust mil CCCCXXVII, pour plus promptement trouver argent pour paier l'armée des gens d'armes de Monseigneur le Connestable de France, mise sus pour le secours de Montargis qui lors estoit assiégé des Anglois, en acquit de la somme de VIIIc l. t. dequoy la ville et forsbours estoient imposez, pour leur porcion d'un aide ottroyé au Roy nostre sire.

(Compte de Estienne de Bourges. — Commune, 1426-1428.
Recepte d'emprunts faits par la ville.)

.... A Jacques Boucher, trésorier de Monseigneur d'Orliens, pour l'achat de deux cens livres de pouldre à canon, achattée de lui pour le fait de la ville ; chacun cent XXI escus d'or, vallent XL escus d'or qui ont cousté, chacun escu, XLII s. p....

(Compte de Jean Hillaire. — Forteresse, 1428-1429, IIe mandement.)

.... A Jaques Boucher, trésorier, pour cent livres de pouldre à canon par lui baillée, durant le siège, que on n'en povoit finer, xx escus d'or qui ont cousté chacun escu lxiiii s. p. vallent lxiiii l. p.

(Ibidem, xxxviiie mandement.)

.... Le 27 mars 1427, Jacques Boucher reçoit de Jean Hillaire la somme de trois cens trois livres, quatorze sols, huit deniers, pour achat de poudre à canon.

(Archives munipales. — Quittance inédite.)

.... A Jacques Boucher, trésorier, pour un cheval que Jehan Morchoasne prinst pour aler quérir des pierres à canon, ès bastides que avoient faites les Anglois, lequel cheval fut prins par les gens de La Hire et emmené.

A lui pour quatre grosses seulles (pièces de charpente) du bois de Chaumontais (1), chacune de six toises et demie de long et d'un pié et d'un espan de fourniture, prinses pour la ville, pour refaire les arches du pont...

Suivent, dans ce mandement, cinq autres articles analogues, de pièces de charpente, en bois de Chaumontais, achetées par Jacques Boucher, pour les arches du pont, les barrières extérieures et le pont-levis de la porte Renart.

.... A luy pour argent baillé, pour xvii journées d'ouvrier charpentier qui ont fait, dressé et assis les quatre barrières tournans, qui sont sur les chemins et devant le bouloart de la porte Renart, au prix de iiii sols parisis par jour.....

A luy pour argent baillé à Gillet Bataille, charpentier, pour xvi journées qu'il a vaquées à charpenter et faire une herce coulant et une deffense devant, sur la saillie du bouloart de la porte Renart, à iiii s. p. par jour....

A luy pour argent baillé audit Gilet, pour quinze toises de membreure pour faire ladite herce, xxx s. p.

(1) La garde de Chaumontais était un des cantons de la forêt d'Orléans où se trouvaient les plus beaux bois pour charpente.

A luy pour les piquans et ferreure d'icelle herse, avec III cent de grant cloux gameau.

A luy pour xxx livres de fer, pour faire verrous et crochets, barrières et chevilles pour une murtrissouère...

A luy pour argent baillé à Julien, pionnier, pour la peine d'avoir drecié le grant fossé devant la porte Renart et la porte Bernier, et pour avoir miné et abattu les terres d'icelui jusques au fond dudit fossé, où il a vacqué huit jours....

A luy pour bois neuf carré, d'un grant espau de fourniture, pour faire les eschielles pour la ville, et faisant cent toises, au prix de cinq sols parisis la toise, etc....

(Compte de Jehan Hillaire. — Forteresse, 1428-1430. xxxixᵉ mandement.)

DOCUMENT D.

(Voir page 12.)

Quittance du Bâtard d'Orléans, pour sa pension annuelle de mille francs.

(11 novembre 1433.)

Saichent tuit que je Jaques Boucher, trésorier général de Monseigneur le duc d'Orléans, confesse avoir eu et receu de Pierre Taillebois, receveur du domaine de mondit Sᵉʳ le Duc, en sa conté de Blois, la somme de trois cens soixante livres tournois, par assignacion faicte à monseigneur le Bastard d'Orléans, à les avoir et prendre sur ce que ledit receveur pourra devoir a mondit Sᵉʳ le Duc à cause de sa dicte recepte des deniers du terme de Noël prouchain venant, sur et en acquit de la somme de vᶜ l. t. pour demy an, escheant à ladicte feste de Noël, des gaiges ou pencion montans à la somme de mil livres

6

tourn. par an, que mondit S^{gr} le Duc a pieça ordonnez à mondit S^{gr} le Bastart, avoir et prendre chacun an des deniers des
finances dudit monss^{gr} le Duc. De laquelle somme de III^c lx l. t.
je me tiens pour bien content, et en quicte ledit receveur et
touz autres. Tesmoing mon scel et saing manuel cy mis, le
XIe jour de novembre lan mil cccc trente et trois.

G. Cousinot. — J. Boucher.

(Original sur parchemin, scellé en cire rouge du sceau de J. Boucher.)
(*Collection personnelle de l'auteur.*)

Document E.

(Voir page 12.)

*Quittance de Raoul de Gaucourt, pour ses gages de
gouverneur du duché d'Orléans et de capitaine de la ville.*

(28 juillet 1432.)

Saichent tuit que nous, Raoul seigneur de Gaucourt, conseiller et chambelain du Roy notre sire et de Monseigneur le
duc d'Orliens, gouverneur du duchié et capitaine d'Orléans,
confessons avoir eu et receu de Robert Baffart, commis à la
recepte du domaine dudit duchié, la somme de deux cens
quatre vings douze livres parisis, qui deuz nous estoient à cause
dudit office de gouverneur, pour nos gaiges ordinaires, qui sont
au feur de seize solz parisis par jour; pour ung an entier finy à
la feste Saint-Jehan-Baptiste derrenière passée, mil ccccxxxii,
ouquel an sont compris les termes de Toussaint, Chandeleur et
Ascencion Notre-Seigneur derrenière passée. Et de ce nous
tenons à contans et en quictons mondit seigneur le Duc, ledit
commis et tous autres. En tesmoing de ce, nous avons signé
ces présentes de notre seing manuel et scellées de notre seel.

Donnés le xxviiie jour du mois de juillet mil quatre cens trente et deux.

GAUCOURT.

(Pièce parchemin, trace de sceau. — Archives du Loiret, A, 2105.)

Nota. — Bien que le nom de Jacques Boucher ne figure pas dans ce document, nous l'avons recueilli en cette notice, à raison des détails curieux qu'il révèle sur les *gaiges* annuels du gouverneur d'Orléans à l'époque du siège.

DOCUMENT *F*.

(Voir page 14.)

Lettre de Guillaume Cousinot à Jacques Boucher.

Très chier frère et especial amy, je me recommande à vous. Et vueillez savoir que [Simon Davy (1) m'a] escript qu'il a par plusieurs foiz requis à Robin Baffart, receveur d'Orléans, qu'il le vou[lsit payer de ses] gaiges de Chasteauneuf, escheuz au terme de l'Ascencion derrenière passée; lequel receveur [aurait respondu] audit messire Simon, qu'il avoit esté deffendu que riens n'en fust paié dudit terme jusques à ma vénue par delà. De laquelle chose je me donne grant merveille, obstant [que] riens n'en fut par moy ordonné ne deffendu; et sont excusa- çions à ma charge qui est [contraire à la vérité. Et] vous prie

(1) Simon Davy, chevalier, seigneur de Saint-Père-Avy (Saint-Péravy-la-Colombe), fut fait prisonnier par les Anglais lors de la prise de Janville, où il commandait, et fut longtemps détenu en la bastille Saint-Antoine, à Paris.

Par lettres-patentes, datées de Londres le 14 février 1434 (1435 n. st.), le duc Charles d'Orléans, captif lui-même en Angleterre, « en recompensation des pertes que Simon Davy avait subies, pour payer sa rançon, » lui fit la remise de 16 livres parisis qu'il redevait sur les bois achetés par lui, dans les gardes de Neuville, pour l'édification de son hôtel de Rebréchien. (Archives du Loiret, A, 2103.)

que vous vueillez tant faire audit receveur, [que Messire Simon]
soit paié dudit terme, car il en a [besoing]. Et se vous le saviez
aussi bien comme moy, vous le feriez plus voulentiers. Et autre
chose [ne] scay que escrire, fors que j'ay espérance de vous
veoir bien brief, à l'aide de notre Seigneur [qui etc...]. [Escript
à Bloiz le xii⁰ jour d'aoust.]

Votre frère G. Cousi[not], chancellier d'Or[léans].

Au dos : A mon très chier frère et espécial ami Jaques
Boucher, trésorier général de Monseigneur d'Orléans.

(Lettre pour Messire Simon Davy, chevalier, cappitaine de
Chasteauneuf.)
Archives du Loiret, série A. Supplément. — Ancienne cote
A 10, L 21.

DOCUMENT G.

(Voir page 17.)

Donation par le chancelier Guillaume Cousinot à son fils,
Guillaume Cousinot.

(6 juin 1431.)

Guillaume Cousinot, chancelier d'Orléans, délaisse par don
entre-vifs, *à son fils Guillaume Cousinot, le jeune,* étudiant
en l'Université d'Orléans, « afin de lui aider à soustenir son
estat, » tous les biens que le Roi lui avait donnés, confisqués
sur Hugues, Guillaume et Jean, fils de feu Laurent Lami, biens
sis en Beauce, « pour les grans dommaiges qu'il avoit eus
et souffert des anciens ennemis du Royaume et autres leurs
complices et adhérens qui détenoient ses héritages... (1). »

(Minutes de Guillaume Giraut, notaire au Chastelet d'Orléans. —
Étude actuelle de Mᵉ Fauchon, notaire.)
(*Communication de M. J. Doinel.*)

(1) Voir Document L *ter* et la note.

Document *H.*

(Voir page 18.)

Gaiges ou pension annuelle du chancelier Cousinot.

(2 novembre 1422.)

Saichent tuit que je Guillaume Cousinot, conseiller du Roy notre seigneur, et chambellan de Monseigneur le duc d'Orléans, confesse avoir eu et reçeu de Jacques Boucher, trésorier général de mondit seigneur le duc, la somme de cent livres tournois, monnoie ayant de présent cours, par la main de Pierre Taillebois, commis à la Recepte de Blois, qui deue m'estoit, pour le paiement du moys d'octobre derrenier passé, de mes gaiges ou pension ordinaires, au feur de XII c. l. tournois par an, a moy pièça ordonnez, par mondit seigneur le duc, prendre et avoir des deniers de ses finances, à cause de mondit office de chancelier. De laquelle somme de cent livres tournois je me tiens pour contant et bien paié, et en quicte mondit seigneur le duc, son dit trésorier et tous autres. Tesmoing mon signet, et seing manuel cy mis, le second jour de novembre l'an mil CCCC et vint deux.   COUSINOT.

(Original sur parchemin, scellé en cire rouge, sur simple queue.)
(*Collection personnelle de l'auteur.*)

Document *J.*

(Voir page 19.)

Droit de busche ou de chauffage.

(7 juin 1437.)

Je Guillaume Cousinot, conseiller du Roy et chancellier de monseigneur le duc d'Orléans, confesse avoir eu et receu de

Robin Baffart, commis à la recepte du demaine du duchié d'Orléans, la somme de quatre livres tournois sur ce qui me puet estre deu à cause de mes droiz de busche, pour mon chauffage, à moy païée comptant, par la main de messire Robert de Greigneville, prebtre, tant pour lui comme pour Robin Nogueau, qui ladicte somme devoient à mondit seigneur le Duc, par le moien de certaine composition et accors par eulz faiz avecques les gens des comptes, procureur et receveur de mondit seigneur, des arrérages de plusieurs années de certains menuz cens que lesdiz messire Robert et Nogueau doivent chacun an à mondit seigneur le Duc, pour raison de certains héritaiges assiz ou terrouer de Chécy (1) ou environ ; lesquels héritaiges ou la plus grant partie d'iceulx sont en frische et désert *pour occasion des guerres* qui ont esté depuis xx ans en ça ou paiz d'*Olenois, et encore sont*. De laquelle somme de quatre livres tournois je promeis faire tenir quittes et paisibles lesdiz messire Robert et Nogueau, envers ledit receveur ou commis, pour raison des arrérages desdiz menuz cens, escheuz depuis xviii ans en ça. Et en tesmoing de ce, j'ay signé ceste cédule de mon seing manuel et seellée de mon signet, le viie jour de juing, l'an mil cccc trente et sept (2).   G. Cousinot.

(Archives du Loiret, série A. — Châtelet.)

(1) La maison et le quartier de Grigneville existent encore en la commune de Chécy. Ils relevaient du domaine de Reuilly.

(2) D'après les titres conservés aux Archives du Loiret, la somme annuelle à laquelle avait droit le chancelier, pour son chauffage, était de 20 liv. 13 s. p.

Le trésorier général Jacques Boucher avait droit chaque année à la même somme ou à cinq milliers de bûches, du prix de six sols le cent, plus à quelques milliers de fagots.

Même allocation à Jean Day, conseiller maître des comptes.

François Victor, pannetier du duc, souverain maistre enquesteur des eaux et forêts, n'avait droit qu'à 15 liv. p.

Hugues Perrier et Estienne le Fuselier, conseillers auditeurs des comptes, chacun à 10 liv. p. ou cinq mille bûches, du prix de 4 sols le cent, plus à un millier de fagots, etc.

(Détails recueillis aux Archives par Mlle de Villaret.)

Document *L.*

(Voir page 20.)

*Acquisition par le chancelier G. Cousinot, de l'hostel
dit du Grand Saint-Martin, qu'il avait habité durant le siège
de 1429.*

Le dimanche xxvıı^e jour d'aoust (1430),

Noble homme et saige maistre Guillaume Cousinot, conseiller
du Roi notre sire et chancellier de Monseigneur le duc d'Orliens, d'une part, — et maistre Loys Tarenne, licencié en lois,
procureur de demoiselle Marguerite [Renarde vefve de feu] Enguerran de Vauxaillon, demeurant à [Orliens, fondé.]..., quant
à ce, comme il nous est apparu, par [acte passé] soulz le scel
de la baillie de Vermandois, du mois de juillet derrenier passé,
d'autre part;

Confessent de leur bon gré, que sur certain discort et débat
entre lesdiz Monseigneur le chancellier et damoiselle [Margue-
rite Renarde, ilz ont] traiclié et accordé, et estoient à accort,
par la forme et [manière, contenue] en une cédulle à nous
baillée par lesdictes parties, de laquelle [la teneur s'ensuit]...

« Comme procès feust espéré à mouvoir, entre damoiselle
[Marguerite] Renarde, vefve de maistre Enguerran De Vaussaillon, [demourant] en Vermandois, d'une part, — et noble
homme et saige [maistre Guillaume] Cousinot, conseiller du Roy
notre sire et chancellier de monseigneur [le duc d'Orliens],
d'autre part; — sur ce que ladicte demoiselle disoit que ledict
monseigneur [le] chancellier détenoit et occuppoit ung hostel à
elle appartenant, de la succession de feu sire Jaques Renart,
son père, appellé [l'hostel] du *Grand Saint-Martin*, assis en
la ville d'Orléans; et pour ce [requéroit] que ycelui monseigneur le chancellier lui rendist et délaissist ledit [hostel]. ..

Et ledit monseigneur le chancellier disoit et [soutenoit], au

contraire, que ledit hostel lui appartenoit, et non pas seulle-
ment, mais tous les autres héritaiges, rentes, maisons, granges,
mes[tairies] et autres possessions quelxconques qui à ladicte
demoiselle pou[voient] appartenir ou temps passé, tant en la
ville comme en la d[uchié], quelque part que ce feust ; — car il
estoit vray que, dès pie[ça, le Roy], considérant les très grans
pertes et dommaiges que ledit monseigneur le chancellier avoit
souffers et soustenuz et sa femme aussy, [pour] avoir tenu le
party et la sainte et juste querelle de lui, [et que durant] les
divisions de ce royaume, les Anglois et Bourguignons a[voient]
pris et occuppé et encores à présent tenoient et occuppoient
toutes les rentes, héritaiges, possessions et revenuz quelxconques [desdits] monseigneur le chancellier et sa femme, tant
en la ville et viconté de Paris [comme] ès autres paiz rebelles et
désobéissans au Roy ; — lui avoit donné, [comme pour], aucune
récompensacion de ce, ledit hostel ou maison de [Saint-Martin]
et généralement tous les autres héritaiges, mestaieries, terres,
[rentes, maisons et] revenues que ladicte damoiselle Marguerite
et ledict [feu Enguerran] son mari, à cause d'elle, vouloient et
povoient [posséder et tenir], ou pais de Beausse, quelque part
que ce feust,.... [pour en] joir et user et plainement et paisiblement à touziourmès [ledit monseigneur] le chancellier, ses
hoirs ou aiens cause, comme de leur [propre chose et] par don
fait et fondé raisonnablement, pour ce que ledit [feu Enguerran]
et sa dicte femme et Jaquet de Vauxaillon, leur filz, avoient
touziours tenu et encores [tenoient] le parti des Bourguignons
et desdiz Anglois, rebelles et ennemis [du] Roy.

Et parce, disoit ledit monseigneur le Chancellier, que n'estoit
tenu..... de rendre ne délaisser ledit hostel de *Saint-Martin*,
mais le pouvoit et devoit tenir justement et raisonnablement à
touziours mès, selon la forme de son don, ou au moins jusques
à ce que ses maisons,... terres, rentes et héritaiges, que lesdiz
Anglois et Bourguignons detiennent encores et occuppent, lui
feussent renduz et restituez.

Finablement, et pour éviter tous plaiz et procès et nourrir

amour entre les parties, accordé a esté entre icelles, c'est assavoir : — ledit Mgr le chancellier, en sa personne, d'une part ;
et maistre Loys Tarenne, procureur de ladicte damoiselle, souf-
fisamment fondé par lettres faictes et passées soulz le scel de la
baillie de Vermandois, estably à Laon, d'autre part ; en la manière qui s'ensuit, c'est assavoir que ledit monseigneur le chancellier se déportera et délaissera, déporte et délaisse, de son dit
don à lui fait, comme dit est, en tant qu'il touche les maisons,
mestaieries, terres, rentes, revenus et héritaiges de damoiselle,
estans et assis, tant en ladicte ville d'Orléans, comme oudit
paiz de Beausse, autres que ledit hostel ou maison de Saint-
Martin ; — lequel hostel et ses appartenances sera et demeurra
à touzioursmès — audit monseigneur le chancellier, à sa femme,
leurs hoirs ou aiens cause, pour en joir comme de leur propre
chose.

Et pour ce qu'ilz ont — longuement demouré oudit hostel de
Saint-Martin, et pour autres cause à ce les mouvens, ledit monseigneur le chancellier sera tenu de paier à ladicte damoiselle,
pour une foiz, la somme de trois cens et cinquante royaulx d'or
ou escuz vielz de lxiiii au marc ; — moyennant laquelle somme
ledit maistre Loys Tarenne, comme procureur dessus dit et soi
faisant fort de Jaquet de Vaussaillon, a ratiffié, consenti et ap-
preuvé, ratiffie, consent et appreuve, le don dudit hostel, audit
monseigneur le chancellier, comme dit est....

(Minutes de Guillaume Girault, étude de Me Fauchon, registre de
1429 à 1430. — Ce registre est un peu altéré aux marges et à
la fin.)

Document *L bis.*

(Voir page 20, note.)

L'hôtel du Grand-Saint-Martin, sis rue de la Clousterie.

.... De monseigneur le chancellier d'Orléans : six sols trois
deniers parisis, qu'il devoit pour pavé fait devant sa maison de

l'Image du grand saint Martin, en la rue de la Closterie, ès mois de janvier, février et mars 1438 (1439 n. st.),

(Archives municipales CC. Comptes des chaussées, 1439 à 1441.)

Document L ter.

(Voir page 20.)

Vente de l'hôtel du Grand-Saint-Martin, paroisse Saint-Pierre-Lentin, par Guillaume Cousinot, fils du chancelier, maître des requêtes et président du Conseil Delphinal.

(1er août 1443.)

Le jeudi premier jour d'aoust (1), Pierre Chauvreux garde du seel de la prévosté d'Orléans.....

Honnorable homme et sage, maistre Guillaume Cousinot, licencié en lois, conseillier et maistre des requestes de l'ostel du Roy notre sire, et président du Daulphiné, establi aujourd'hui en la ville d'Orliens, par devant Geuffroy-Bureau, notaire, etc., recongnut et confessa, etc., que il a vendu, etc., et par ces

(1) La date de cet acte nous avait paru, d'abord, devoir être circonscrite entre l'année 1430, époque de l'acquisition de l'hôtel par le chancelier Cousinot et l'année 1440, en laquelle, d'après les tables de Beauvais de Préau, Jean Cailly aurait succédé à Jean Le Prêtre comme *garde du scel de la prévoté* d'Orléans ; mais de nouvelles recherches nous ont fait connaître que Jean Le Prêtre exerçait encore, le 12 novembre 1449, la fonction de *garde de la prévoté*, qui lui est attribuée dans notre acte.

Cette rectification et le Comput des lettres dominicales nous permettent donc de préciser davantage.

Notre acte, en effet, n'est daté que du *jeudi 1er août*, sans indication d'année ; or, le 1er août tombait un jeudi en 1437 et en 1443. Après avoir, dans notre texte, adopté la date de 1437, nous croyons devoir préférer celle du *jeudi 1er août 1443*, mieux en harmonie avec d'autres documents cités en cette étude.

présentes vend, etc., à honnorable homme et sage maistre Jehan Le Prestre, licencié en lois, garde de la prévosté d'Orliens, ad ce présent, stipulant et acceptant ladite vente et transport, pour luy, etc., une maison que ledit maistre Guillaume vendeur disoit avoir et à lui appartenir, séant en la ville d'Orliens, en la paroisse Saint-Pierre-Lantin, appellée la *Maison du Grant-Saint-Martin*, ainsi comme elle se comporte et poursuit, en court, puis, jardins, et toutes autres aisances et appartenances quelxconques ; — tenant à la maison en laquelle demeure, à présent, Ysabeau Langevine ; — faisant le coing d'une rue estant devant l'ostel appellé le *Coing-Saint-Père*, — et par derrières à l'ostel du prioré de Semoy ; en telle censive ou censives, et chargée de telz cens et reliefs comme elle peut devoir d'ancienneté, franche et quicte tant des arrérages desdis cens et reliefs jusques à huy, et au surplus de toutes charges, rentes, servitutes, debtes, obligacions, ypothèques, poursuites, reddevoirs et autres choses généralment quelxconques. Ceste vente et transport faiz par ledit vendeur audit achateur, pour le pris et somme de quatre cens cinquante livres tournois paiées en présence..... c'est assavoir en cinquante escuz vielz et francs à pié d'or, vallans chacune pièce vint quatre sols parisis, et le seurplus en escuz d'or ayans de présent cours vallans chacune pièce vint deux sols parisis de la monnoie ayant de présent cours. Et s'en tint à content, etc., quiotant, etc. Promectant ledit vendeur par devant ledit notaire juré, loyalment et par la foy et serement de son corps, pour ce par luy corporalment mise et baillée en la main d'icellui juré, que jamès contre les ventes, octroy, cession, transport, quictance, dessaisissement, saisine et autres choses dessusdictes, ne contre aucune d'icelles, il, ne autre quel qu'il soit, de par lui, ne viendra, ne fera venir, etc. (1).

(Minutes de Geoffroy Bureau. — Étude actuelle de Mᵉ Paillat.)

(*Communications de M. J. Doinel.*)

(1) Voir l'Appendice II : *L'hôtel du grand Saint-Martin.*

NOTE COMPLÉMENTAIRE SUR LES DEUX COUSINOT, PÈRE ET FILS.

Les documents ci-dessus G, L et L *ter*, confirmés par l'acte de délaissement, au chapitre cathédral d'Orléans, de l'hôtel de la *Herce*, fait en 1462, devant Tassin Bertholin, par *messire Guillaume Cousinot, chevalier, fils et héritier pour la tierce partie de feu noble homme Me Guillaume Cousinot, en son vivant, chancelier de Mgr le Duc d'Orléans*, acte cité et analysé ci-dessus, pages 385 et 389, semblent établir d'une manière réellement incontestable, ainsi que nous l'avons déjà dit page 386, l'existence d'un fils, jusqu'à présent inconnu, du chancelier Cousinot, fils nommé Guillaume, comme son père, et portant dans des titres authentiques les qualifications de *chevalier, de conseiller et maistre des requêtes en l'hostel du Roy notre sire, et de Président du Daulphiné* (ou Conseil delphinal, depuis Parlement de Grenoble).

Ces trois documents rectifient ainsi l'erreur échappée à M. Vallet de Viriville, qui, dans sa notice déjà citée sur les Cousinot, attribue ce nom et ces qualités à un *neveu* du chancelier, tandis qu'ils appartiendraient à *son propre fils*.

Sur la foi de l'érudit M. Vallet, cette erreur a été malheureusement reproduite, en 1881, par l'éminent auteur de l'*Histoire de Charles VII*, récemment honorée du grand prix Gobert (t. Ier, introduction, p. LXV).

Notre rectification, si elle était admise, tendrait à accroître l'autorité du précieux récit, dit *Chronique de la Pucelle*, qui, selon toute vraisemblance, se trouverait alors l'œuvre de deux témoins oculaires, le chancelier et son fils, personnellement associés aux faits qu'ils racontent.

DOCUMENT *M.*
(Voir page 32.)

Message envoyé au duc Charles, par le trésorier général.

(15 avril 1433.)

Saichent tuit que je, Jaques Boucher, trésorier général de monseigneur le duc d'Orléans, confesse avoir eu et receu de

Robin Baffart, commis à la recepte du domaine de mondit seigneur le Duc, en son duchié d'Orléans, la somme de trente et
huit livres tournois, monnoye ayant de présent cours, par assignacion faicte à Nouvellon Savary, dit Orléans, le hérault, à
cause d'un voyage qu'il lui convient présentement faire, par
devers mondit seigneur, ou pays d'Angleterre, sur ce que ledit
commis puet ou pourra devoir à icellui seigneur à cause de sa
dicte recepte de ceste présente année, commençant à la Saint-
Jehan-Baptiste darrenière passée.

De laquelle somme de trente-huit livres je me tiens pour bien
contant et paié, et en quitte ledit commis et tous autres. Tesmoing mon scel et seing manuel, cy mis, le xve jour d'avril, l'an
mil cccc trente et trois, après Pasques.

G. Cousinot. — J. Boucher.

(Pièce parchemin. — Archives du Loiret, série A. — Châtelet.)

Document N.

(Voir page 44.)

*Don fait par Charles VII, au duc Charles d'Orléans, du
produit des gabelles, dans les duchés, comtés, et seigneuries de l'apanage, durant une année commençant au 1er octobre 1440.*

(22 septembre 1440.)

A tous ceulx qui ces présentes lectres verront, Jehan Le
Prestre, licencié en loys, garde de la prévosté d'Orléans, salut.
Savoir faisons que le viiie jour de novembre, l'an mil iiii^c et qua-
rente, Guillaume Doulce, notaire juré du chastellet d'Orléans,
nous rapporta et tesmoigna pour vérité, avoir veues, tenues et
leues de mot à mot, unes lectres patentes du Roy nostre S^{gr}
scellées de son scel, en cire blanche et queue simple, avec unes

lectres de vérificacion ou expédicion, scelées de deux sighetz en cire vermeille, attachées ausd. lectres royaulx, saines et entières en toutes les parties d'icelles, contenant la forme qui ensuit :

Charles, par la grâce de Dieu, Roy de France, a noz amez et feaulx les généraulx conseillers sur le fait et gouvernement de toutes noz finances, salut et dilaccion. Comme la gabelle du sel vendu es greniers à sel, en diverses parties de notre Royaume, ait esté mise sus, ou temps passé, pour pourveoir au fait de la guerre, et il soit ainsi que notre très chier et très amé frère et cousin, le Duc d'Orléans et de Valois, ait souffert et supporté ou temps passé, et encores ait à supporter plusieurs grans fraiz et charges, tant pour le fait de la guerre, à l'occasion de laquelle, lui et notre très cher et très amé cousin, le Conte d'Angolesme son frère, sont de long temps prisonniers ou pays d'Angleterre, comme autrement en plusieurs et diverses manières ; lesquelles charges notre dit frère et cousin ne pourroit supporter ne soustenir, sans avoir l'émolument de la gabelle des greniers et chambres à sel establiz en aucunes villes estans es pays, terres et seigneuries à nosd. frère et cousins appartenant ; Pour ce est il que nous, ces choses considérées, et aussi la prouchaineté de lignage, en quoy notre dit frère et cousin nous attient ; Voulans, pour ce, lui aidier et secourir à supporter lesd. charges et pour certaines autres causes et consideracions à ce, nous mouvans ; A icellui notre frère et cousin, le Duc d'Orléans, avons donné et octroié, donnons et octroions par ces présentes, de grâce espécial, tous les deniers, prouffiz et émolumens des gabelles de tous les greniers et chambres à sel establiz, tant esdiz duchiez d'Orléans et de Valois comme es contez de Blois, de Dunois et es autres terres, pays et seigneries appartenant à nos diz frères et cousins, quelque part que ce soit en notre dit Royaume — pour ung an, commençant le premier jour d'octobre prouchain venant et finissant le derrain jour du moys de septembre prouchain, après ensuivant — pour iceulx deniers, prouffiz et émolumens de ladicte gabelle, prendre et percevoir par notre dit frère, par la main des grenetiers ou commis esdiz lieux, pour convertir et emploier en ses nécessitez et afaires. — Si vous mandons et estroitement enioignons que par lesdiz grénetiers ou commis desdiz greniers et chambres à sel, *vous faictes bailler et délivrer au trésorier général de notre dit frère et cousin* tous les deniers, prouffiz et émolumens de ladite gabelle, de tous yceulx greniers et chambres à sel pour ladicte année, commençant et fenissant comme dessus est dit. — Et par rapportant ces présentes ou vidimus dicelles fait soubz scel royal ou autentique, avecques quictance souffisante sur ce, de notre dit frère et cousin *ou de son dit trésorier tant seulement,* Nous voulons et mandons tout ce que baillé et délivré aura esté à la cause dessus dite, estre alloué es compte desdiz grénetiers ou commis, ou de ceulx qui paié et baillié l'auront, et rabattu de leurs receptes partout où il appartiendra, sans aucun contredit ou difficulté ; nonobstant quelxconques dons, pensions ou bienffaiz, par nous autreffois faiz à notre dit frère et cousin, non exprimez en ces présentes ordonnances, restrictions, mandements ou deffenses à ce contraires.

Donné à Orléans, le xxe jour de septembre l'an de grâce mil cccc et quarante, et de notre règne le xviiie, soubz notre scel ordonné, en l'absence du grant. — Ainsi signé, par le Roy en son conseil,   D. Bude.

Item. Les généraulx conseillers, ordonnez par le Roy notre Ser, sur le fait et gouvernement de toutes ses finances, tant en langue d'oil comme en langue d'oc, — Aux grenetiers des greniers à sel establiz par le Roy notre dit Ser, tant es duchiez d'Orléans et de Vallois comme es contez de Blois et de Dunoys et es autres terres, pays et seigneuries appartenans à mons. le Duc d'Orléans et de Vallois, estans en ce Royaume, salut.

Veues par nous les lectres du Roy notre dit Ser auxquelles ces présentes sont attachées soubz l'un de noz signetz, par lesquelles et pour les causes contenues en ycelles, le Roy notre dit Ser a donné à mondit Ser le Duc d'Orléans tous les deniers, prouffiz et émolumens des gabelles de tous les greniers et chambres à sel estans esdiz duchiez et contez, et en toutes les autres terres, seigneuries de mondit S^{gr} le Duc, et de Mgr le Conte d'Angolesme son frère, pour ung an, commençant le premier jour d'ottobre prouchain venant et fenissant le derrain jour du mois de septembre après ensuivant. — Nous vous mandons expressément que *au trésorier général de mondit S^{gr} le Duc* d'Orléans, vous bailliez et délivrez chacun en droit soy et pour tant que à lui touche, tous les deniers, prouffiz et émolumens qui venront et ystront de la gabelle de tous yceulx greniers et chambres à sel, pour ladicte année ; tout ainsi et par la forme et manière que le Roy notre dit S^{gr} le veult et mande par ses dictes lectres.

Donné à Orléans, soubz noz signetz, le xxiie jour de septembre l'an mil cccc et quarante. — Ainsi signé : J. DE DIJON. — En tesmoing de ce, nous, au relat dudit notaire juré, à qui nous adjoutons plaine foy, avons fait mectre le scel de ladite prévosté d'Orléans, à ces présentes lectres de vidimus, les jour et an dessus premiers diz.   DOULCE.

(Collection personnelle de l'auteur.)

DOCUMENT O.

(Voir page 52.)

INSCRIPTION TUMULAIRE DE JEAN LUILLIER, AU GRAND CIMETIÈRE D'ORLÉANS.

Hic jacet,

Vir nobilis, Carolus Luillier, dominus de Ferolles, Mongy, Lumiere, Lanteziere et Courcelles ; eques, patre, matre, avo, avia, proavo, proavia, triavo, cæterisque patribus, ex equestri ordine, continuatâ et longinquâ successione oriundus. — Nam seculi millesimi tricentesimi sub finem, apparet nobilis Guillelmus Luillier, cujus filius Johannes Luillier, Johannis nomine primus, habuit Johannem Luillier, Johannis nomine secundum, qui, anno 1428, Aurelianensibus obsessis auxilio cucurrit, duce Stephano de Vignolles dicto La Hire ; et eisdem, tertiâ die post kalendas martias 1429, erumpentibus in Anglos, mylordum Grey, comitis Salisbury fratris filium, ipse ferro manu suâ interfecit.

Cujus facti ob memoriam, ad sacrum Caroli VII.... rex ille Johannem nostrum Luillier in equitum ordinem adscivit ; et Caroli VII manu ipsâ, factus fuit eques torquatus ; præsente Renaldo de.Chartres, Remensium Archiepiscopo ; testibus Johannâ d'Arc, aurelianensium Virgine, Ducibus de Lorraine et de Bar, Domino de Commercy, Comite de Laval, comitis appellatione tunc primum aucto..., etc.

> (Épitaphes et inscriptions du grand cimetière d'Orléans (grande galerie), recueillies par M. Daniel Polluche ; mises en ordre par D. Fabre, bibliothécaire. — Bibliothèque d'Orléans, ms. 461.)

DOCUMENT *P.*

(Voir page 55.)

Testament de feue Jehanne Luillier, vefve de feu Jaques Boucher.

(29 avril 1449.)

Le mardi xxixᵉ jour d'avril iiiiᵉ xlix.

Jehanne, vefve de feu Jaques Boucher, en son vivant trésorier général de monseigneur le duc d'Orléans, estant en bon sens et aiant bon mémoire et entendement, combien qu'elle feust enferme du corps et gisant ou lit malade ; pensant ès choses espirituelles, non voulant trespasser de cest siecle en l'autre, sans faire testament et ordonnance de derrenière voulenté, et ordonner et departir des biens que Dieu lui a prestez en cest monde, establie, etc., laquelle fist, ordonna, devisa et

7

déclaira son testament et ordonnance de derrenière voulenté, en la forme et manière qui ensuit :

Premièrement, ladite testateresse recommanda et recommande de tout son povoir son âme à Dieu, notre Créateur, à la benoiste et glorieuse Vierge Marie, mère de Dieu, à Monseigneur Saint-Michel-l'Ange, à toute la saincte court et compaignie de Paradis.

Item, voult et ordonna ses debtes estre paiées et ses forffaiz, s'aucuns en y a, estre paiez, amendez et restituez, par les mains de ses exécuteurs cy dessoubz nommez.

Item, ladicte testateresse ordonna et ordonne sa sépulture en la chappelle du sépulcre, en l'église Saint-Pol d'Orléans.

Item, veult et ordonne que de son luminaire qu'elle soubzmet estre à l'ordonnance de sesdis exécuteurs, soit baillé une torche à l'église Saint-Marceau près d'Orléans, une autre torche à l'église de Notre-Dame d'Ormes, une autre à Cléri, et une autre à l'aumosne de Saint-Pol, pour servir à la levacion du corps Notre-Seigneur.

Item, veult et ordonne, le jour de son obiit, deux messes à note estre chantées et célébrées : c'est assavoir, l'une de Saint-Esperit et l'autre de *Requiem*, et treize messes basses.

Item, ladite testateresse donne et lesse à treize pouvres, pour estre revestuz, à chacun neuf quartiers de drap, du pris de douze solz parisis l'aune ; desquels pouvres Gidoin Le Brun sera l'un.

Item, veult et ordonne, après son décès estre célébré et chanté ung trante de messes, où sera offert pain, vin et chandelle.

Item, icelle testateresse veult et ordonne en oultre, deux années de messes estre dictes et célébrées, pour l'âme d'elle et de ses parens et amis.

Item, veult et ordonne, le pain de deux sacs de blé estre donné et distribué, pour l'amour de Dieu, à pouvres personnes.

Item, veult aussi et ordonne, ung tonneau de vin estre donné et distribué, à toutes personnes qui en vouldront aler quérir.

Item, icelle testateresse donne et lesse aux quatre ausmosnes d'Orléans, c'est assavoir : Saincte-Croix, Saint-Pol, Saint-Poair et Saint-Anthoine, à chacune quatre draps de lit, chacun de deux lez.

Item, donne et laisse ladite testateresse à la femme Jehan Beuslin, de Rebréchien, deux aulnes de drap gris, du pris de seize sols parisis l'aune.

Item, donne et lesse à Jaquete, sa niepce, pour l'avancement de son mariage, la somme de quarante escuz d'or, laquelle somme elle veult lui estre gardée, jusques ad ce qu'elle soit mariée, ou preigne autre estat qu'elle se sache gouverner.

Item, donne et lesse à Robinete, vefve de feu Jehan le Picart, diz escuz d'or.

Item, à Margot, fille de ladicte Robinete, diz autres escuz.

Item, à Guiot, filz d'icelle Robinete, xx escuz.

Item, à Perrete, femme de Jehan Beauharnois, sa hoppelande noire, fourrée de menu vair, qu'elle porte ès jours des dymenches.

Item, à Jaquete, fille dudit Beauharnois, la sainture que ladite testateresse eut ès nopces de Magdalene sa fille.

Item, voult et ordonna, veult et ordonne ladite testateresse, ses deuz bonnes hoppelandes estre vendues, et les deniers qui en ystront avec vint livres tournois oultre, estre emploiez à revestiz pouvres gens de village, où ses dis exécuteurs verront estre bien employé.

Item, donne et laisse à Katherine, sa niepce, fille de Jehan Luillier, ses heures.

Item, à Marion, fille dudit Luillier, sa hoppelande noire fourrée de gris.

Item, à Jehanne, sa chambrière, trois aulnes de vert brun.

Item, donne à la fille de Jehan Guillemeau xxxii s. p., et à la femme dudit Guillemeau ung de ses bons chapperons et sa cote simple noire, fourrée de ventres.

Item, à sa commère Macée, vefve de feu Pierre Blanche, ung de ses bons chaperons.

Item, à sa fillolle, fille dudit feu Blanche, une robe du pris de XLVIII s. p. et ung de ses chapperons ; et aux aulres filles d'icellui feu Blanche, à chacune une robe.

Item, à Katherine, femme de Pierre Moneul, sa bonne cote simple noire.

Item, à Perrichon, chambrière d'icelle testateresse, deuz aulnes et ung quartier de drap gris.

Item, donne à Bertheline, qui fut chambrière de Guillaume Hanet, son chapperon de tous les jours.

Item, donne et laisse à Messire Nicolle Le Fèvre, prebtre chappelain de Saint-Pol, XLVIII s. p.

Item, veult et ordonne ladite testateresse, que treize prestres, après son trespas, disent chacun ung psaultier pour l'âme d'elle ; et veult à chacun d'iceulx prestres estre payé la somme de huit solz parisis. Desquelz prestres Messire Philippe Le Roux sera l'un, et lui veult estre paié seize solz parisis.

Item, ordonne icelle testateresse estre paié à une fille dont ne scet le nom, VIII s. p. reste du testament de feu son père ; laquelle fille a baillé quictance de XVI sols parisis et elle n'en a receu que VIII sols.

Item, donne et lesse à la femme Micheau Cordier, de Châteaudun, sa sainture des dimenches.

Item, veult et ordonne, que Jehan Beauharnois soit payé de ce qui lui peut estre deu par icelle testateresse et son feu mari.

Item, veult que des debtes qui lui sont deues par son papier, que ceulx qui les doivent en soient creuz par les seremens, pourveu qu'ils soient gens de bien et de bonne renommée.

Item, veult, par esprès, que les partages faiz entre Jehan Luillier, son frère et elle, de leurs héritages, tiengnent ainsy qu'ils les ont faiz et passez.

Item, veult XII livres tournois estre données à ses fillauz et filloles, non dessus nommez, par porcion.

Item, donne à frère Adam, religieux des Carmes, qui est parent de son dit feu mari, une robe ou une chappe, à son choiz.

Item, au prieur des Carmes, deuz escuz.

Item, à la fabrique de l'église Saint-Pol, quatre escuz d'or.

Item, donne à icelle église ung poille de vert-brun où aura une croix blanche ; par ainsi que il sera appliqué aux services qui seront faiz en ladite église, pour elle, son feu mary, son père et autres leurs parens, et, au surplus, à ceulx de la paroisse dudit Saint-Pol (1).

Item, donne aux quatre ordres mendiens d'Orléans, pour dire vigilles et de chacune ordre une messe, à chacune d'icelles ordres, seize solz parisis.

Item, donne à l'église Saint-Michel d'Orléans, seize solz parisis.

Item, donne à l'église Saint-Jehan-de-la-Ruelle, une chasuble de la valeur de iiii liv. par.

Item, veult et ordonne, que la chasuble de l'église de Chingy qui est en son hostel, soit rendue, et que les paroissiens soient quictes de ce dont elle est engagée.

Item, donne à Perrine, sa garde, une couverture qu'elle lui porta quant sa fille fut mariée.

Et pour cest présent testament, dons, lays et choses dessus dites exécuter et acomplir, ladite testateresse nomma et ordonna, nomme et ordonne ses exécuteurs Jehan Luillier, son frère, Anthoine Boucher, son fils, maistre Simon Chenu, Guillaume Hanet et Jehan le Sesne, ses gendres et chacun d'eulx, etc.,... ès mains desquelx, etc.,... renoncans touz autres testamens s'aucuns en a faiz par avant aujourd'hui.

(Minutes de Geoffroy Bureau. — Étude de M⁰ Paillat, notaire.)

(1) Ce poille (drap mortuaire), donné à la fabrique de l'église Saint-Paul, est mentionné en ces termes dans l'inventaire de 1462, dont il a été parlé ci-dessus (page 55) :

« Art. 122. *Item,* deux autres poilles de drap noir, l'un donné par Jehanne, vesve de feu Jacques Boucher, à la croix blanche hospitalière, doublé de toile noire..... »

Document *R.*

(Voir pages 60 et 66.)

Extrait du papier censier de Saint-Laurent-des-Orgerils,
d'Orléans, pour 1505.

Le cens deu et paié à vénérable et circonspecte personne, maistre Pierre Girard, lecteur en théologie, prieur de Sainct-Laurent des Orgerilz les-Orléans, chacun an, le jour de la feste N.-D.-Chandeleur, second jour du moys de février, à paine de cinq solz parisis de deffault...

De honnorable homme et saige, monsieur maistre Francoys Boucher, conseillier du Roy, notre Sire, en sa court de parlement à Paris, filz de feu Anthoine Boucher, ou vivant de luy, bourgeoys d'Orléans, pour une tierce partie.

Guillaume Chenu, aussi bourgeoys dudit lieu, filz de feu honnorable homme et saige, maistre Symon Chenu, ou vivant de luy, bailly de l'évesque d'Orléans, et de feue Marion Boucher, jadis sa femme, pour une aultre tierce partie.

Maistre Guillaume de l'Aubespine, Jacques Lemaire, à cause de Marion de l'Aubespine, sa femme, et Magdeleine de l'Aubespine, seur desdits maistre Guillaume et Marion, enfans de Guillaume de l'Aubespine, bourgeoys dudit lieu d'Orléans, et de feue Marion Chenu, jadis sa femme, seur dudit Guillaume Chenu, pour l'autre tierce partie;

Héritiers, en ceste partie, de feue Magdeleine Boucher, jadis femme de feu Jehan Le Cesne, ou vivant de luy, esleu d'Orléans, seur desdiz feuz Anthoine Boucher et Marion Boucher dessus nommez, enffans de feu sire Jacques Boucher, en son vivant trésorier de feu monseigneur le duc d'Orléans; — pour leur hostel et vergier de Saint-Jaques, et partie de leur grant cloz qui souloit estre clos à murs, tenant, d'une part, à la grant rue Saint-Laurens et faisans le coing de la rue Saint-Jaques, d'aultre part, sur le pavé à aller de la Croix-Morin à la Croys-Boissée, — une rue nouvellement faite, par le milieu, pour l'enclosture de ville ; — d'aultre part, à l'autre partie dudit cloz ; dont le cens s'en paie le jour Saint-Laurens ; — la somme de vingt-quatre solz huit [deniers] parisis.

(Archives du Loiret, série G. — Prieuré de Saint-Laurent.)

APPENDICES

PREMIER APPENDICE

LE GRAND HÔTEL DE LA PORTE-RENART OU DE L'ANNONCIADE

I. — NOTIONS GÉNÉRALES. — L'HÔTEL DE JACQUES BOUCHER S'EST CONSERVÉ DEPUIS JEANNE D'ARC JUSQU'A NOUS.

La demeure historique où Jacques Boucher eut l'incomparable honneur d'accueillir, à son foyer, la libératrice de la France; où, vingt ans plus tard, Jeanne Luillier, sa veuve, avait l'insigne privilège d'offrir l'hospitalité à Charles VII (1), conserve, après quatre siècles écoulés, l'auréole de ses glorieux souvenirs.

Le visiteur n'en franchit le seuil qu'avec un sentiment de respect.

Nos auteurs orléanais en parlent avec un sympathique intérêt; toutefois en termes incomplets, souvent même gravement inexacts.

Charles Pensée (2) et les membres de la *Commission des monuments historiques* lui ont consacré plusieurs planches de leurs excellents recueils; mais il est vivement regrettable que ces artistes distingués se soient bornés à reproduire, dans ses élégants détails, le petit pavillon monumental, annexé aux cons-

---

(1) Voir plus haut les curieux détails de cette royale visite.
(2) Charles PENSÉE, *Recueil des anciens monuments civils d'Orléans. — Archives de la Commission des monuments historiques* (1855-1872, texte pp. 25 à 27. — Pl. XVII et XVIII.)

tructions primitives cent cinquante ans après la mort de la Pucelle. Si leur habile crayon eût remis en honneur les précieux vestiges du XVᵉ siècle qui subsistent encore aujourd'hui, ils eussent ravivé, mieux que nous ne saurions le faire, des traditions précieuses et trop oubliées.

La voie que nous nous sommes tracée diffère notablement de celle suivie par nos devanciers.

Sur la foi d'une prétendue tradition de famille qui n'a jamais existé, plusieurs écrivains modernes (1), se copiant les uns les autres, ont redit, sans vérification ni contrôle, que François Colas des Francs, maire d'Orléans, devenu propriétaire de l'hôtel vers le milieu du XVIᵉ siècle, l'avait reconstruit à neuf. Rien, d'après eux, ne subsisterait plus des appartements occupés par la Pucelle ; et le gracieux édicule, érigé sur l'emplacement du cabinet où son lit aurait été placé, serait le seul vestige de son séjour parmi nous (2).

Un examen attentivement poursuivi, avec le bienveillant concours de notre savant président, M. Tranchau, de notre dévoué collègue, M. Fournier jeune, architecte, ancien inspecteur des monuments historiques, et surtout avec l'affectueuse coopération de M. le vicomte Maxime de Beaucorps, à qui revient une part considérable en cette étude, nous a donné une conviction toute contraire. Nous avons la ferme confiance, et nous espérons l'établir, que ce vieil hôtel, enserré de tous côtés entre des édifices du XVᵉ siècle et solidement bâti en maçonnerie sur de belles galeries souterraines, s'est conservé dans ses éléments essentiels, depuis Jeanne d'Arc jusqu'à nous.

Cette longévité ne blesse aucune vraisemblance. Les maisons antérieures à la Renaissance sont encore nombreuses à Orléans ;

(1) *Quatre jours dans Orléans*, Gatineau, 1845, pages 156-157. — Adolphe JOANNE, *Itinéraire général de la France, de la Loire à la Garonne*, 1879, page 18.

(2) La famille Colas des Francs, à laquelle nous avons l'honneur d'appartenir, ne possède, nous sommes autorisé à le dire, ni dans ses archives, ni dans ses souvenirs, aucune trace de cette prétendue tradition.

et, malgré leur apparente fragilité et leurs quatre cents ans
d'existence, les jolies façades en bois sculpté, éparses dans nos
vieux quartiers, charment encore nos regards par leurs pignons
élancés, leurs larges verrières et leurs pinacles à jour.

Le grand hôtel de la Porte-Renart paraît remonter à une
date fort reculée. Aucun document ne nous a fait connaître à
quel titre et en quel temps Jacques Boucher en devint pos-
sesseur; mais le style architectural semble indiquer qu'il fut
réédifié, ou tout au moins restauré à cette époque.

Il était, lors du siège, compris dans l'enceinte fortifiée construite vers le milieu du XIVᵉ siècle, pour annexer à la cité
Gallo-Romaine le bourg ou municipe d'*Avenum*.

Situé aujourd'hui au centre de la ville agrandie, il se trouvait, en 1429, à son extrémité occidentale. Son entrée principale était dans la grande rue de la Talmellerie, maintenant
du Tabour. D'un côté, il touchait presque à la Porte-Renart;
il attenait, de l'autre, par ses jardins, à l'ancienne chapelle
Saint-Jean (presbytère actuel de Saint-Paul), et au cimetière paroissial, qui entourait l'église, selon la pieuse coutume
d'alors.

L'étendue de ses bâtiments, de ses cours et de ses jardins
était considérable, surtout pour une place de guerre, où le terrain était rare et de haute valeur, où la population se pressait
dans d'étroites demeures, pour s'abriter, derrière ses remparts,
contre d'incessantes menaces d'incursions et de pillages. Cette
étendue permit à Jacques Boucher d'accueillir, avec Jeanne
d'Arc, une partie de la maison militaire que le Roi venait de
lui constituer: d'Aulon, son écuyer; Louis de Contes, son
page; vraisemblablement ses deux frères (1). Elle permit à
Charles VII de garder près de lui quelques-uns de ses princi-

(1) Quelques auteurs ont affirmé que Jean Pasquerel, aumônier de
Jeanne, demeurait aussi chez Jacques Boucher. Cette assertion est
inexacte. Pasquerel l'indique lui-même dans sa déposition de 1456. (QUI-
CHERAT, *Procès*, t. III, p. 106.)

paux officiers, lorsqu'en 1448 il voulut passer quelques jours dans l'hôtel de la *Trésorière*.

Le chiffre très élevé du loyer annuel imposé à Antoine Boucher, dans l'acte de famille de 1449, et accepté par lui (quarante écus d'or : plus de cent livres tournois), suffirait à révéler l'importance de cette habitation. Il dépasse notablement le taux des loyers de cette époque. Il atteint le double, parfois même le quadruple des nombreuses estimations locatives, inscrites dans cet acte de partage. Le petit hôtel de la Porte-Renart, assigné à Guillaume Hanet, beau-frère d'Antoine, n'y est porté que pour un loyer annuel de six écus d'or (quatorze à quinze livres).

Il était dans la censive dite des Turpins, de laquelle relevaient plusieurs maisons de ce quartier. Son modique cens de trois deniers parisis par an, payables le jour de la Sainte-Croix, révèle son antique origine (1).

Il était, de plus, chargé d'une rente de huit livres, due à la ville.

Une chronique contemporaine ajoute que, *du logis qu'elle occupait près de la Porte-Renart, Jehanne povoit veoir tout le siège* (2). Cette observation d'un témoin oculaire est d'une parfaite exactitude. Des étages supérieurs de cette demeure, construite au sommet du coteau qui s'incline doucement vers la Loire, Jeanne pouvait embrasser, d'un regard, le formidable réseau de bastilles anglaises qu'elle allait briser en quelques coups de son invincible épée.

Entrons maintenant dans les détails de notre exploration.

II. — LES DEHORS DE L'HÔTEL. — RESTES DU XV° SIÈCLE.

Une allée de 1m 50 de large, dont l'axe correspond à celui du corps-de-logis principal, communique de la voie publique à la

(1) Archives départementales du Loiret.
(2) Voir notre étude : *La délivrance d'Orléans et l'institution de la fête du 8 mai, Chronique anonyme du XV° siècle.* — Orléans, 1883.

cour d'honneur (1). Les logements qui la recouvrent n'appartiennent plus, tous, à l'hôtel.

La porte extérieure est encadrée d'un chambranle à *boudins*, sur bases sculptées, dont le style accuse la fin du XIV° siècle (2). Cette porte remonte donc au temps de Jeanne d'Arc (3).

Mais n'existait-il pas, alors, une seconde entrée, mieux appropriée que cette allée couverte au passage des chevaux et voitures, plus digne du haut fonctionnaire qui habitait l'hôtel, et des hôtes éminents qu'il était appelé à y recevoir ; que, le 29 avril 1429, Jeanne et les capitaines qui l'accompagnaient aient franchie à cheval, et par laquelle, en 1448, Charles VII et sa royale escorte aient pu convenablement entrer et sortir ?

La maison n° 37, interposée aujourd'hui entre la cour et la rue du Tabour, et dont l'extrême simplicité contraste avec les élégantes façades des maisons limitrophes, n'occuperait-elle pas la place de cette seconde entrée, supprimée depuis lors ?

En l'absence de documents précis, nous nous bornons à cette conjecture, qui n'est pas dépourvue de vraisemblance.

La cour d'honneur, de forme quadrangulaire, mesure 11 mètres de profondeur sur 12^m50 de largeur. Elle est entourée de bâtiments sur ses quatre faces (4).

Au fond, est le corps-de-logis principal, dont la façade septentrionale, sur la cour, se complète, en retour d'équerre, par un pignon occidental sur le jardin.

L'aile droite contient actuellement les cuisines et un escalier moderne.

Dans l'aile gauche est une vaste chambre ayant pu servir de

(1) Voir planche Ire.
(2) Planche II, figures 1re et 2°.
(3) Le boudin, dit Viollet-le-Duc, disparut au XV° siècle pour faire place à des formes prismatiques curvilignes. (*Dictionnaire d'architecture*, au mot *Boudin*.)
(4) Planche Ire.

salle à manger. Un escalier, de quarante-six marches, en hélice, conduit à des galeries souterraines divisées en travées par des arcs doubleaux chanfreinés et de solides nervures qui partent des angles, pour se croiser au sommet, comme dans les voûtes d'ogives. Les ouvertures de cette aile ont leurs arêtes creusées en gorge, au dehors.

Au midi et à l'occident, s'étendent les jardins que Jeanne traversait, chaque matin, pour entendre la messe en l'église Saint-Paul.

La façade septentrionale du bâtiment d'habitation, sis au fond de la cour, est d'une grande simplicité, à bandeaux plats et sans moulures; elle est évidemment moderne (1).

Soit que la façade primitive fût en bois sculpté, comme celle de la maison contiguë, rue du Tabour, 33, soit que ses ouvertures fussent à meneaux croisés et à filets prismatiques, comme les fenêtres du pignon occidental sur le jardin, toujours est-il qu'à une époque relativement récente et que nous ne saurions préciser, la décoration actuelle des ouvertures sur la cour a été substituée à une autre plus ancienne, plus élégante, mais peut-être altérée par le temps.

Les fenêtres du pignon sur le jardin ont eu l'heureuse fortune d'échapper à cette transformation, et nous conservent un précieux spécimen de l'aspect extérieur de l'habitation, au temps de la Pucelle.

Au rez-de-chaussée, une fenêtre accompagnée d'une demi-fenêtre, comme il était d'usage à cette époque, une troisième, au premier étage, sont encadrées de chambranles, à moulures prismatiques curvilignes, profilées sur leurs bases. Ils reposent sur des appuis ornés, dans leur saillie, d'un tore et d'une gorge, entre deux filets. Les meneaux ont été supprimés; mais leurs traces sont encore si visibles, sur les plates-bandes et les pieds-droits, que leur existence ne peut être mise en doute (2).

(1) Voir planche Ire.
(2) Planche II, figures 3, 4 et 5, et planche III.

Il ne serait pas impossible que les modifications apportées à la façade septentrionale sur la cour eussent donné naissance à l'inexacte légende de la reconstruction complète de l'hôtel.

III. — LE PAVILLON DU XVI° SIÈCLE, ANNEXÉ A L'HABITATION PRIMITIVE.

Au pignon occidental du corps-de-logis principal, tout près des fenêtres à meneaux, fut annexé, vers le milieu du XVI° siècle, le petit pavillon appelé, très incorrectement, *cabinet de Jeanne d'Arc*, construit, selon la légende populaire, par François Colas des Francs, maire d'Orléans et propriétaire de l'hôtel, sur l'emplacement du cabinet où aurait couché la Pucelle (1).

On ne peut nier que cet édicule de 2m50 de saillie sur le pignon et de 5m 50 de longueur au dehors, construit dans le style le plus recherché de la Renaissance, n'ait, réellement, un aspect monumental.

Sur un soubassement rustique à bossages, deux rangs superposés de pilastres ioniques et corinthiens supportent de riches corniches à modillons et à consoles. De petites fenêtres plein-cintre, munies de grilles en fer forgé, des tables saillantes garnies de draperies, des têtes grimaçantes, etc., décorent la surface des murs et le fût des pilastres. Un toit, à quatre versants élancés, surmonte ce gracieux édifice, dont les murs ont 80 centimètres d'épaisseur.

A l'intérieur, deux étages de cabinets, ayant chacun 3m70 de longueur sur 2m80 de large, sans cheminées ni escalier d'accès, communiquent, par des portes étroites, aux appartements correspondants de l'habitation primitive.

Leurs voûtes en pierres sont recouvertes de sculptures fantastiques.

Des femmes nues, les unes étendues sur des couchettes, les autres agenouillées sur des hippogriffes à longs cols, des sirènes à queues contournées, des cygnes aux ailes éployées, s'entre-

(1) Voir planche I°.

mêlent en un bizarre assemblage. Des plantes imaginaires s'épanouissent, en rinceaux, autour des figures.

Au rez-de-chaussée, un pélican nourrissant ses petits de son sang ; au premier étage, les armoiries du fondateur occupent le centre des voûtes.

Quelles furent la raison d'être et la destination de cette construction hybride, incorporée aux vieux appartements de l'hôtel ? Faut-il y voir, d'après la tradition, un monument commémoratif d'un ancien cabinet ou *retrait* consacré par le séjour de la Pucelle, détruit plus tard par une cause inconnue, et dont on aurait voulu conserver le souvenir ?

Son élégante ornementation, l'épaisseur des murs, sa connexité avec les salles des deux étages, tendraient à justifier cette attribution. Mais comment comprendre alors qu'en une cité où le culte religieux de Jeanne d'Arc était universel et séculaire, dans l'hôtel sanctifié par son souvenir, un édifice érigé en son honneur n'offre aux regards qu'une ornementation toute païenne ; que pas un mot gravé, pas un trait, pas un signe quelconque ne rappelle sa vie glorieuse, sa sainte mort, ses héroïques vertus, ses incomparables services ? Les licences que se permettaient certains artistes de la Renaissance, et dont ils nous ont laissé d'incroyables exemples dans quelques sculptures de nos églises et de nos monastères, et jusque dans les sanctuaires vénérés du Vatican, suffiraient-ils à expliquer cette étrange anomalie ?

Faut-il, au contraire, avec les rédacteurs des *Archives de la Commission des monuments historiques*, ne voir, dans ce gracieux spécimen de l'art au XVIe siècle qu'une sorte de *trésor*, construit par une famille opulente, pour y mettre en sûreté ses capitaux, ses bijoux, ses archives ? Mais comment justifier, alors, une tradition locale si ancienne, si générale, si enracinée ?

Peut-être serait-il téméraire d'opter, d'une façon trop absolue, entre ces deux hypothèses.

IV. — LES APPARTEMENTS INTÉRIEURS. — LEURS CARACTÈRES ARCHITECTONIQUES.

Après nous être trop attardé peut-être à l'édicule annexé au bâtiment d'habitation longtemps après la mort de la Pucelle, il nous faut maintenant continuer à l'intérieur, l'exploration commencée au dehors.

En l'état actuel, une porte vitrée, ouverte dans l'axe de l'allée qui conduit à la voie publique, donne accès à un vestibule de trois mètres de largeur, dont les solives, régulièrement espacées, sont *moulurées* sur leurs trois faces apparentes. A gauche est un couloir, long, étroit, éclairé d'une seule fenêtre sur la cour ; à droite, un beau salon de 5ᵐ 85 de longueur, sur 5ᵐ 35 de large, et de 3ᵐ 80 de hauteur, que tout indique avoir été, au temps du trésorier général, comme il l'est encore aujourd'hui, l'appartement d'honneur (1).

Quatre croisées l'éclairent, deux au nord, sur la cour ; et, sur le jardin, la fenêtre et la demi-fenêtre à meneaux et à filets prismatiques, que nous avons déjà signalées.

Des solives espacées, tant plein que vide, comme celles du vestibule et, comme elles, ornées de moulures sur leurs trois faces, reposent sur des sablières élégamment sculptées en torsades. La cheminée, adossée au mur du fond, a été restreinte aux dimensions modernes ; le manteau saillant a été supprimé ; mais le chevêtre sculpté, encastré dans le solivage, pour donner passage au conduit, constate les larges proportions qu'elle avait à l'origine.

Entre la cheminée et la fenêtre à meneaux, une porte étroite, surmontée d'une tête en demi-relief, communique à la petite pièce voûtée, qui semble remplacer l'ancien *retrait* de ce salon.

(1) Voir planche Iʳᵉ.

Ces retraits, que les deux cabinets superposés du pavillon rappellent, en cette vieille demeure, étaient fort usités au moyen âge. Tantôt creusés dans les murs épais des vieux châteaux féodaux, tantôt rattachés, soit en pied, soit en encorbellement, aux bâtiments d'habitation, sous forme d'annexes saillantes ou de tourelles, ils servaient d'oratoire, de cabinet d'étude ou de toilette, parfois même d'alcôve à coucher (1).

Les appartements du premier étage, auxquels conduit l'escalier de l'aile droite, sont symétriquement semblables à ceux du rez-de-chaussée et du même style architectural.

La chambre principale, sise au-dessus du salon, lui est, de dimensions, de décoration et d'aspect à peu près identique. Deux fenêtres l'éclairent sur la cour ; une fenêtre à meneaux croisés et à chambranles prismatiques ouvre sur le jardin ; la demi-fenêtre paraît avoir été supprimée sans laisser de traces apparentes.

Comme dans le salon, les solives, régulièrement espacées, sont également décorées de moulures, mais un peu moins délicates. Les larges dimensions de la cheminée primitive, aujourd'hui rétrécie, y sont également constatées par l'enchevêtrure qui embrasse le conduit dans son passage à travers le plancher.

L'ancien retrait semble aujourd'hui remplacé par le cabinet supérieur du pavillon, auquel on communique par une porte étroite ouverte près de la cheminée.

Cette chambre à coucher, la plus belle, sans contredit, du premier étage, méritait, comme le salon, un examen tout spécial.

Les sablières sculptées, les solives à moulures, les larges cheminées, les fenêtres et la demi-fenêtre à meneaux croisés et

(1) *Retrait.* Appartement réservé, cabinet retiré où on faisait sa toilette, etc. (LA CURNE DE SAINTE-PALAYE, *Dictionnaire historique du vieux langage français,* 1881.)

« ... Et après la messe, il (le comte de Foix) les fit tous entrer en sa chambre *de retrait,* et puis commença, par conseil, à parler à eux. » (Froissard, t. III, p. 46.)

« Nous trouvâmes notre dit Saint-Père au dernier retrait, là où il se couchait. » (DUCLOS, *Preuves de Louis XI.*)

« Le retrait où dit ses heures monsieur Louis de France, etc. » (LITTRÉ.)

8

à chambranles prismatiques et curvilignes, les retraits primitifs, rappelés par les réduits voûtés du pavillon de la Renaissance, nous ont paru, dans ces deux appartements, offrir les traits caractéristiques de l'époque où vivait le trésorier-général.

Nous n'ignorons pas, et nous ne saurions passer cette objection sous silence, que des artistes distingués, pour lesquels nous professons un légitime respect, soutiennent que ce style architectonique appartient à la fin et non au commencement du XV° siècle.

Malgré notre sincère déférence pour ces affirmations, nous croyons, en nous appuyant sur d'autres autorités (1), pouvoir maintenir nos appréciations.

Nous sommes heureux d'ajouter que M. de Buzonnière, dans sa savante *Histoire architecturale d'Orléans* (2), attribue, comme nous, l'ornementation des appartements que nous venons de décrire, *à la fin du XIV° siècle.*

V. — PEUT-ON, DANS L'ÉTAT ACTUEL DE L'HÔTEL, Y RETROUVER LES APPARTEMENTS HABITÉS PAR JEANNE D'ARC ?

L'exploration de notre vieil hôtel peut se résumer en quelques déductions, qui seront la conclusion de cette étude.

Il est historiquement certain que, durant la glorieuse semaine de la délivrance, et chaque fois que ses expéditions la ramenèrent dans nos murs, Jeanne d'Arc eut, pour résidence, la demeure du trésorier-général Jacques Boucher, alors nommée *le grand hôtel de la Porte-Renart*, appelée depuis *hôtel de l'Annonciade*, aujourd'hui maison rue du Tabour, 35. Les documents contemporains sont unanimes et formels à cet égard.

Il est, croyons-nous, d'une égale certitude, que cette habita-

(1) MM. de Caumont, Viollet-Leduc, etc.
(2) T. II, p. 267.

tion, solidement construite en maçonnerie, assise sur des galeries souterraines voûtées en berceaux, appuyées sur des arcs doubleaux et des nervures en pierre de taille, s'est conservée jusqu'à nous dans ses éléments essentiels.

L'assertion de quelques écrivains modernes, qu'elle aurait été rebâtie à neuf, au XVIe siècle, n'est pas seulement démentie par le style de l'édifice; elle est, avons-nous dit, absolument gratuite; nul titre, nulle tradition de famille ne la justifient.

Il suffit enfin d'étudier, avec quelque soin, l'agencement des diverses parties de l'hôtel, pour reconnaître que le corps-de-logis du fond de la cour comprenait, au temps de Jeanne d'Arc, comme il les comprend encore de nos jours, les appartements d'honneur.

Le style du XVe siècle, qu'il accuse à l'intérieur, aussi bien qu'au dehors, constate son antique origine, et le témoignage des divers possesseurs qui l'ont successivement habité montre que sa destination première s'est perpétuée jusqu'à nous.

Ainsi, dans le partage de 1449, nous voyons les quatre enfants de Jacques Boucher garder religieusement, indivis entre eux, *la grant hostel de la Porte-Renart, tel qu'il se comporte de tous coustés, où leurs vénérés et deffunts parens faisaient leur demourance.* Leurs descendants le recueillent avec un égal respect et se le transmettent héréditairement jusque vers le milieu du XVIe siècle.

A cette époque, il passe aux mains de la famille Colas des Francs. François Colas, maire d'Orléans, semble vouloir, à son tour, consacrer, par une construction monumentale, les traditions qui se rattachent à cette maison historique : au mur occidental de la chambre qu'avait habitée la Pucelle, il annexe un gracieux édifice, orné de toutes les élégances architecturales de son temps.

Les enfants de François Colas et les divers propriétaires qui leur succèdent, jusqu'au dernier acte de vente du 24 décembre 1756, et, depuis lors, jusqu'à nous, se font un devoir de maintenir au corps-de-logis du fond de la cour son usage traditionnel, avec ce respect du passé qui caractérise nos vieilles familles orléanaises.

Dans cette série d'années écoulées et de titulaires successifs, on cherche, en vain, par qui et à quelle date l'hôtel, tout en conservant tant de restes de sa construction originaire, aurait été, comme le prétendent gratuitement certains auteurs, entiè- rement rebati à neuf.

Quelques modifications durent, sans doute, s'effectuer à diverses époques; mais elle ne portaient que sur des détails d'importance secondaire : les portions conservées maintenaient le caractère de l'ensemble.

Ainsi, comme nous l'avons signalé plus haut, les meneaux des fenêtres ont été enlevés; mais leurs traces subsistent sur les plates-bandes et les pieds-droits des chambranles ; les chemi- nées ont été rétrécies, et leurs manteaux saillants supprimés ; toutefois, les larges dimensions des anciens conduits restent constatées par les enchevêtrures. La façade du nord est moder- nisée, mais derrière ce placage de date récente, l'intérieur des appartements est respecté aux deux étages, et la façade occiden- tale, en retour, garde son ornementation primordiale, comme pour conserver le souvenir de ce qu'était l'aspect de l'hôtel, au temps de Jeanne d'Arc et de Charles VII.

Il n'est pas jusqu'aux carrelages, aujourd'hui remplacés par des parquets de chêne, qui ne puissent être hypothétiquement restitués, grâce à la découverte, dans la maison contiguë (n° 33, rue du Tabour), de carreaux fleurdelysés, en usage à cette époque.

Un détail, plus spécial, peut être encore précisé : à savoir que la chambre occupée par la pieuse héroïne était au premier étage de l'hôtel.

Ce fait, avant toute preuve écrite, était déjà vraisemblable, la grande salle du rez-de-chaussée, ayant dû, naturellement, être réservée pour les réunions officielles.

Un précieux témoignage, consigné aux procès-verbaux de la réhabilitation, la déposition de Louis de Contes, page de la Pucelle, qui demeurait avec elle dans l'hôtel de Jacques Boucher, vient imprimer à cette vraisemblance le caractère de la certitude historique.

Après avoir raconté comment, dans les premiers jours de mai 1429, Jeanne, ayant chevauché à travers la ville, alla, de par Dieu, sommer les Anglais de se rendre, la vie sauve, et de s'en retourner en Angleterre, Louis de Contes ajoute :

« Ceci fait, Jeanne rentra en son logis, et *monta dans sa chambre*, et celui qui parle crut qu'elle allait dormir, mais peu après, *elle descendit à l'étage inférieur* et dit au déposant : « *Ha ! sanglant garçon, vous ne me disiez pas que le sang* « *de France fust respandu*, etc... » Elle lui commanda d'aller quérir son cheval, et pendant qu'il y allait, elle se fit armer par la maîtresse de la maison et sa fille, et lorsque le témoin revint, après avoir préparé le cheval, il trouva Jeanne tout armée. Elle lui dit alors d'*aller chercher sa bannière à l'étage supérieur*, et le déposant la *remit à Jeanne par la fenêtre*. Ayant pris sa bannière, elle courut, en toute hâte, vers la porte de Bourgogne. La maîtresse de la maison dit à celui qui parle, de suivre Jeanne, ce qu'il fit (1). »

Cette affirmation quatre fois réitérée d'un témoin oculaire, que Jeanne couchait au premier étage de l'hôtel, projette sur ce fait une clarté qui ne laisse place à aucun doute.

La déposition de Jean d'Aulon du 26 mai 1456, en cette même enquête, concorde avec celle de Louis de Contes, et y

(1) « His actis, regressa est ipsa Johanna in suo hospitio, et *ascendit in cameram suam*, et credebat loquens quod iret dormitum. Illico et paulo post *descendit inferius* et dixit eidem loquenti ista verba :... « *Ha ! sanglant garçon...* » præcipiendo eidem loquenti quod iret quæsitum suum equum ; et fecit interdum se armari per dominam domus et ejus filiam, et dum venit loquens de parando suum equum, invenit eamdem Johannam jam armatam ; dixitque testi loquenti quod iret quæsitum suum vexillum, *quod erat superius* ; et illud tradidit ipse loquens eidem Johannæ per fenestram. Quo vexillo accepto, ipsa Johanna festinanter incurrit versus portam Burgundiæ, et tunc ipsa hospita dixit loquenti quod iret post eam... » (QUICHERAT, *Procès*, t. III, p. 68-69. Déposition de Louis de Contes.)

— 118 —

ajoute un nouveau détail. Son témoignage, qui seul, entre tous, nous a été textuellement transmis dans son naïf langage, est conçu en ces termes :

« ... Dit plus que ce mesme jour (4 mai 1429, jour de la prise de Saint-Loup), après disner, vint mondit seigneur de Dunoys au logis de ladicte Pucelle, ouquel il qui parle et elle avoient disné ensemble... Et en parlant à elle, luy dist icelluy seigneur de Dunoys *qu'il avoit sceu pour vray que ung nommé Ffastolf, capitaine desdits ennemis, devoit brief venir par devers iceulx ennemis estant audit siège... tant pour leur donner secours comme pour les advitailler...* Desquelles parolles ladicte Pucelle fust toute resjoye, ainsi qu'il sembla à il qui parle, et dist à monseigneur de Dunoys telles paroles ou semblables... *Bastart, Bastart, au nom de Dieu, je te commande que tantot que tu sçauras la venue dudit Ffastolf, tu me le fasse sçavoir,* etc...

« Dit que après ces paroles il qui parle, lequel estoit las et travaillé, se mist sur une couchette, en la chambre de la dicte Pucelle, pour ung pou soy reposer, et aussi se mist icelle, avecques sa dicte hotesse, sur ung autre lit pour pareillement soy dormir et reposer, mais ainsi que ledit déposant commençoit à prendre son repos, soubdainement icelle Pucelle se leva dudit lit et en faisant grant bruit, l'esveilla. Sur quoy se leva ledit déposant incontinent, et, le plustôt qu'il put, arma la dicte Pucelle (1)... »

Ce texte du loyal écuyer, qui, lui aussi, logeait avec Jeanne chez le trésorier-général, a soulevé des interprétations diverses. Il en ressort, selon les uns, que le lit où couchait d'Aulon et celui où reposait Jeanne d'Arc étaient l'un et l'autre dans la même chambre du premier étage, les vastes pièces et les grands lits à baldaquin du moyen âge permettant à plusieurs personnes d'occuper simultanément le même appartement.

D'autres, au contraire, quelle que fût la simplicité des mœurs d'alors et bien que cet épisode eût lieu durant le jour, ont peine

(1) QUICHERAT, *Procès*, t. III, p. 212. Déposition de d'Aulon.

à admettre que le lit sur lequel d'Aulon *se mist pour ung
pou soy reposer*, fut absolument dans la même chambre que
celui où la chaste héroïne, et l'épouse, jeune encore, de Jacques Boucher se couchèrent ensemble pour y prendre quelque
repos.

Ils estiment donc que d'Aulon avait, comme il le déclare, son
lit dans la chambre de la Pucelle, où, sous sa garde, elle laissait déposées sa bannière et son armure ; mais que la sainte
enfant avait sa couchette dans le réduit servant d'alcôve, que,
par respect pour sa pudeur, on lui avait spécialement réservé.

Cette interprétation confirmerait la tradition populaire, selon
laquelle le pavillon du XVIe siècle aurait été érigé sur l'emplacement du cabinet où couchait habituellement la Pucelle.

Nous nous bornons à préciser ce problème, sans prétendre ici
le résoudre.

VI. — RÉSUMÉ.

Si les déductions que nous venons de soumettre au lecteur
étaient jugées légitimes et régulières, on pourrait, avec une vraisemblance voisine de la certitude, retrouver, dans le corps de
logis du fond de la cour, où tout respire le XVe siècle, les
appartements qu'occupait le trésorier-général, et ceux, dès lors,
qu'habita la Pucelle.

Le salon actuel du rez-de-chaussée serait réellement, semble-t-il, l'ancienne salle d'honneur, où, le 29 avril 1429,
Jacques Boucher reçut notre immortelle libératrice.

La chambre du premier étage, sise au-dessus du salon,
serait celle qu'il offrit à la jeune héroïne, pour s'y retirer durant le jour, y déposer, sous la garde de son fidèle écuyer, sa
bannière et son armure, et la nuit y prendre son sommeil, soit
dans cette chambre même, soit, comme plusieurs inclinent à le
croire, dans le *retrait*, où, par un sentiment de délicatesse, son
lit aurait été placé.

A la thèse, dont nous venons de recueillir les éléments épars, nous pressentons qu'une objection sera faite.

Si des restes considérables des constructions du XVe siècle subsistent encore en ce vieil hôtel, comment, dira plus d'un lecteur, ont-ils échappé aux hommes de goût qui l'ont visité, aux écrivains qui l'ont signalé, aux artistes distingués qui en ont reproduit les détails ? Comment le pavillon du XVIe siècle, construit longtemps après la mort de la Pucelle, a-t-il exclusivement captivé leur attention ?

Nous n'essayerons ici ni d'expliquer, ni de discuter cette anomalie, assurément fort étrange, mais qui toutefois n'est pas sans exemples.

Uniquement préoccupé des glorieux souvenirs de notre cité, et d'un profond respect pour tout ce qui se rattache à notre immortelle libératrice, nous nous sommes efforcé, avec le précieux concours de nos savants collaborateurs, de remettre en honneur quelques vestiges oubliés de son séjour parmi nous.

Cette tâche accomplie, nous venons, en toute simplicité, soumettre nos recherches, et les déductions qui nous ont paru en ressortir, à l'appréciation des juges compétents, appelant sur elles leur sérieux examen et leur légitime contrôle.

Du moins, ne nous sera-t-il pas refusé d'émettre un vœu avant de finir.

Domremy conserve, avec une pieuse sollicitude, la chaumière où Jeanne reçut le jour et passa les premières années de sa vie.

Rouen a racheté, à haut prix, la tour du château-fort où elle subit, avec un héroïque courage, les épreuves de son cruel martyre.

Ne serait-ce pas, pour Orléans, une heureuse fortune de pouvoir montrer, à son tour, dans le vieil hôtel qu'habita la Pucelle durant la première phase de sa glorieuse mission, les appartements où semblent rayonner encore les plus beaux souvenirs de notre histoire :

Le salon d'honneur, où, guidée par la population transportée d'espérance et de joie, elle fut accueillie comme un ange envoyé du ciel, où les vaillants capitaines, les membres éminents du clergé, les procureurs de ville et les notables bourgeois venaient s'éclairer de ses conseils, réchauffer leur courage à sa parole inspirée, parfois déposer à ses pieds quelques modestes présents ;

Et la chambre du premier étage, où, disent les témoins de l'enquête, la pieuse enfant priait avec ses hôtes pour la patrie en deuil, les exhortait à mettre, en Dieu seul, leur espoir et leur promettait, en son nom, la délivrance et le salut ; — où, après chaque victoire, elle venait déposer sa bannière et ses armes, et prendre quelque repos, appelant près d'elle, en sa couche virginale, soit la jeune épouse, soit la fille du trésorier ?

Ces sanctuaires de patriotisme et de foi, encore embaumés, pour ainsi dire, du parfum des vertus de la Pucelle, restaurés avec une religieuse fidélité, ne seraient-ils pas un monument de gratitude et de respect, digne de la cité de Jeanne d'Arc ?

PROPRIÉTAIRES SUCCESSIFS DE L'HÔTEL DU TRÉSORIER GÉNÉRAL.

A la mort de Jacques Boucher et de Jeanne Luillier, sa veuve, et par actes de partage du 12 novembre 1449, le grand hôtel de la Porte-Renart resta, comme on l'a vu plus haut, indivis entre ses quatre enfants ; Antoine Boucher de Guilleville en fut institué locataire, au prix annuel de quarante écus d'or.

Le petit hôtel attenant au grand, et plus rapproché que lui de la porte de ville, fut délaissé à Guillaume Hanet et à Charlotte Boucher, son épouse, pour un loyer de six écus d'or.

Par actes ultérieurs, les descendants d'Antoine conservèrent cette habitation historique jusque vers le milieu du XVIe siècle.

Vers l'année 1516, Jean Boucher de Guilleville, fils d'Antoine, céda à la fabrique de Saint-Paul, pour l'agrandissement du cimetière, un terrain de quatre toises de largeur, à prendre sur le jardin de sa maison ; les gagiers s'engagèrent envers lui, à tenir ouverte

— 126 —

et à entretenir à perpétuité, dans le mur de clôture, une huisserie pour son usage et celui de ses hoirs (1).

Ils s'obligèrent de plus à faire célébrer dans l'église Saint-Paul, chaque année et à toujours, un service anniversaire, avec vigile et messe solennelle, à diacre et sous-diacre.

Cette fondation devait être inscrite au martyrologe de l'église, et mention devait y être faite d'une donation de cent livres et de divers ornements.

A la mort de Jean Boucher de Guilleville, la donation fut ratifiée par ses enfants (2).

Peu d'années auparavant, Jean Boucher de Guilleville avait acquis à rente, des procureurs de ville, pour agrandir les dépendances de son habitation, une place attenant au Frou (3) de la Porte-Renart.

En 1526, l'hôtel appartenait à messire Sevin, sieur d'Oinvilliers ou d'Imonvilliers. Michelle Sevin, sa veuve, acquittait encore, en 1556, la rente due par la maison à la ville. Peu de temps après, elle la vendit à l'un des hommes les plus considérables de la cité, François Colas, seigneur des Francs et de Poinville, que Charles IX appelait son père et qu'Henri III aimait à nommer son cher et fidèle ami.

Par ses services publics et ses vertus privées, François Colas était digne d'occuper cette demeure historique.

Appelé par ses concitoyens en 1543, 1553, 1559, 1567, à l'honneur de l'échevinage, deux fois maire, en 1575 et 1580, il sut mériter l'affectueuse estime de Charles IX, d'Henri III et du Béarnais, dans sa vieillesse.

Sa longue carrière administrative traversa les jours les plus désolés de notre histoire.

En 1562 et 1567, il fut témoin des coupables agressions et des dévastations sacrilèges des sectaires de la réforme.

Sa paroisse Saint-Paul fut, sous ses yeux, saccagée, ses autels renversés, ses reliques profanées, ses sépultures violées et éparses sur le sol.

(1) Ce droit de passage subsiste encore aujourd'hui.
(2) Archives paroissiales de l'église Saint-Paul. — *Communication de M*^{lle} *de Villaret.*
(3) *Frou*, terre en friche, aux abords d'une ville. (DU CANGE, *Glossaire.* — FRÉD. GODEFROY, *Diction. de l'ancienne langue française.* — *Coutume d'Orléans*, art. 169.)

En 1572, il vit, avec une profonde douleur, les terribles représailles dont le sanglant récit attriste encore nos souvenirs.

Au milieu de ces luttes ardentes et de ces passions déchaînées, son zèle pour le bien, sa fidélité au prince, son dévouement à la cité, purent du moins atténuer quelques malheurs. Plus tard il coopéra généreusement, de sa fortune personnelle, à réparer ces désastres.

Le 26 octobre 1598, il mourut dans son hôtel de la Porte-Renart ou de l'Annonciade, honoré de regrets unanimes et de la sympathique affection de tous les partis (1).

C'est avec un réel bonheur que nous avons rencontré ce nom, qui nous est doublement cher, dans la série des propriétaires de l'hôtel. Il nous sera pardonné d'avoir consacré quelques lignes à la mémoire de cet intègre administrateur et de lui offrir, en passant, l'hommage d'un filial respect (2).

C'est à lui, avons-nous dit, qu'est due l'érection du pavillon, où sont sculptées ses armoiries au point central d'une des voûtes.

A sa mort et par acte de partage des 2 et 4 mai 1599, l'hôtel, estimé 9,000 livres, fut attribué à Marguerite, l'une de ses filles, épouse de Mathieu Buyer, auditeur à la Cour des Comptes.

Ils le cédèrent, peu après, à leur nièce, Jeanne Colas de Marolles, femme de Guillaume Vaillant de Guélis, sieur de Champvallins et neveu de notre savant évêque Germain de Guélis, mort en 1587 (3).

A la fin du XVIIe siècle et dans les premières années du XVIIIe, Marie-Madeleine Le Tellier, épouse, non commune en biens, de messire Jean Longueau, chevalier, sieur de Launoy, en était propriétaire.

Le 20 octobre 1710 (4) elle le céda par acte authentique à Jacques-Martin, marchand-bourgeois d'Orléans, qui, le 8 août 1714, transigea avec les gagiers de Saint-Paul, sur la cession faite en 1516 par

(1) *Histoire généalogique de la famille Colas.* Orléans, 1883, p. 28 et suiv.
(2) Notre vénérable aïeule maternelle, Olympe-Rosalie Colas des Francs, descendait au cinquième degré, en ligne directe, de François Colas, maire d'Orléans, seigneur des Francs et de Poinville.
(3) Acte de partage des 2 et 4 mars 1599 entre les enfants de François Colas des Francs. — Chartrier de la famille Colas des Francs, dont M. L. des Francs, commandeur de Saint-Grégoire-le-Grand et chef actuel de la famille, est aujourd'hui dépositaire.
(4) Acte du 20 octobre 1710, devant François Mantin, notaire à Étampes.

Jean Boucher de Guilleville, et sur le droit de passage qu'il s'était réservé (1).

Il vendit ensuite l'hôtel à Pierre Fleurcau et à dame Catherine Jacques, son épouse.

Enfin, le 24 décembre 1756, Pierre Fleureau, s'en dessaisit au prix de 26,000 livres (2), en faveur de l'honorable famille Legrand de Boislandry, qui le possède depuis 132 ans, l'a longtemps habité, et le conserve, religieusement encore, aujourd'hui.

DEUXIÈME APPENDICE

L'HOTEL DU GRAND-SAINT-MARTIN, DEMEURE DU CHANCELIER COUSINOT, PENDANT LE SIÉGE.

La demeure du chancelier Cousinot, durant le siége, était, jusqu'à ce jour, absolument inconnue.

L'étude de ce détail historique n'est pourtant pas dépourvue d'intérêt ; car c'était dans les hôtels du chancelier et du trésorier général que se tenaient les conseils de guerre ; c'était, soit chez ces représentants autorisés de l'autorité ducale, soit dans la chambre des procureurs de la ville, à la tour Saint-Samson, ou dans les salles voûtées du Châtelet, que se prenaient les résolutions héroïques et que s'organisait la défense.

Les indications inscrites dans les trois documents L, L bis et L ter, publiés aux *Pièces justicatives*, projettent quelque lumière sur ce problème d'histoire orléanaise et nous apportent de précieux éléments de solution.

L'hôtel du Grand-Saint-Martin, que, dans l'acte d'acquisition du 27 août 1430, le chancelier déclare habiter depuis longtemps, était situé, disent nos documents, *rue de la Clousterie,*

---

(1) Transaction devant Couet, notaire à Orléans, 8 août 1714.
(2) Acte devant Prévost, notaire à Orléans.

paroisse Saint-Pierre-Lentin. Il tenait, d'un côté, à la maison d'Isabeau Langevin, et par derrière (vraisemblablement par les jardins) à l'hôtel du prieuré de Semoy ; d'autre côté, il faisait le coin d'une rue étant devant l'hôtel appelé le coin Saint-Père (Saint-Pierre) (1).

Ces désignations semblent exactement s'appliquer au vieil hôtel, reconstruit en briques, qui porte maintenant le numéro 11 de la rue des Grands-Ciseaux, et forme l'angle de cette rue et de l'ancienne rue du Battoir-Vert (rue Parisis).

La rue de la Clousterie, aujourd'hui dénommée, dans toute sa longueur, rue des Grands-Ciseaux, s'étendait, autrefois, sous diverses dénominations partielles, de la rue des Petits-Souliers jusqu'à la rue de l'Escrivainerie (rue Pothier). Dans sa partie supérieure, comprise entre la rue du Battoir-Vert et celle de l'Escrivainerie, se trouvait le siège de la justice du prieuré de Semoy (maison actuellement n° 7), et cette portion de la rue de la Clousterie en avait pris le nom de *rue de Semoy*.

L'hôtel du *Grand-Saint-Martin*, attenant, disent nos titres, à l'hôtel du prieuré de Semoy, était donc situé dans la portion de la rue de la Clousterie, nommée, depuis, rue de Semoy, et se trouvait dès lors à proximité de l'église Saint-Pierre-Lentin, sa paroisse.

L'hôtel Saint-Martin *faisait, de plus, le coin d'une rue, étant devant l'hôtel appelé le Coin-Saint-Père.*

La rue ainsi désignée semble être l'ancienne rue du *Battoir-Vert*, comprise, à cette époque, entre celles de Semoy ou Clousterie, et de Bourgogne.

L'antique et belle église romane de Saint-Pierre-Empont, dont la tour carrée servait de guette et de beffroi lors du siège, précieux monument, qu'avec tant de douleur nous avons vu, en 1830, vendu à vil prix, démoli de fond en comble et rem-

---

(1) Dans nos comptes de ville de la première moitié du XVe siècle, Saint-Pierre-Empont est habituellement inscrit sous la forme : *Saint-Père-Empont.*

placé par le temple et le presbytère protestants, s'étendait alors, sur la rive nord de la rue de Bourgogne, depuis le cloître Saint-Pierre-Empont jusqu'à la rue du *Battoir-Vert*.

La maison attenant à l'abside, et sise à l'angle même des deux rues, devait naturellement recevoir, de sa situation, le nom d'*hôtel du Coin-Saint-Père* (Saint-Pierre-Empont).

C'est donc avec une rigoureuse exactitude que l'hôtel est dit, dans nos titres, être sis rue de la Clousterie, en la paroisse Saint-Pierre-Lentin, — tenir, d'un côté, à la maison Isabeau Langevin (actuellement n° 9), — par derrière à l'hôtel du prieuré de Semoy (maison n° 7), — et, d'autre côté, faire *le coin de la rue, étant devant l'hôtel appelé le Coin-Saint-Père*.

Tout ainsi semble indiquer, qu'au point où s'élève aujourd'hui, au n° 11 de la rue des Grands-Ciseaux, à l'angle de cette rue et de la rue Parisis, l'hôtel plus tard reconstruit en briques, et récemment affecté à l'école de filles de la cathédrale, s'élevait, au XV⁰ siècle, à l'angle de ces mêmes rues, nommées alors *rue de la Clousterie* ou *de Semoy* et *rue du Coin-Saint-Père*, l'hôtel du *Grand-Saint-Martin* qu'habitait le chancelier Cousinot pendant le siège, qu'il achetait par accord et transaction le 27 août 1430 (1), et que, le 1ᵉʳ août 1437, ou plutôt 1ᵉʳ août 1443 (2), son fils revendit à Jean Le Prestre, garde de la Prévôté.

Un détail curieux mérite d'être relevé à l'égard de cet hôtel.

On sait que cette vieille habitation, à l'aspect sévère et presque monumental, est connue, dans les habitudes populaires, sous le nom d'*hôtel du Chevalier du guet*. Or l'acquéreur de 1443 Jean Le Prestre, garde de la Prévôté, était, à ce titre, maître du grand et petit guet. Les prévôts, ses successeurs, réunirent, comme lui, ces deux fonctions en leurs mains.

(1) Pièces justificatives, document L.
(2) Pièces justificatives, document L *ter* et note (1).

Ce fut Charles IX qui, en 1564, les disjoignit l'une de l'autre et dota notre ville de l'office tout spécial d'un chevalier du guet.

Le nom vulgaire de l'hôtel affecté à l'école de filles de la Cathédrale conserve, selon toute vraisemblance, le souvenir d'un fait historique.

La vue et le plan géométral de ce vieil hôtel reconstruit ou restauré au XVIᵉ siècle ont été publiés, il y a quelques années, dans les *Archives de la Commission des monuments historiques* (1), comme un des édifices particuliers, les plus intéressants de notre cité.

(1) Texte, pp. 16 et 17. — Planche XII.

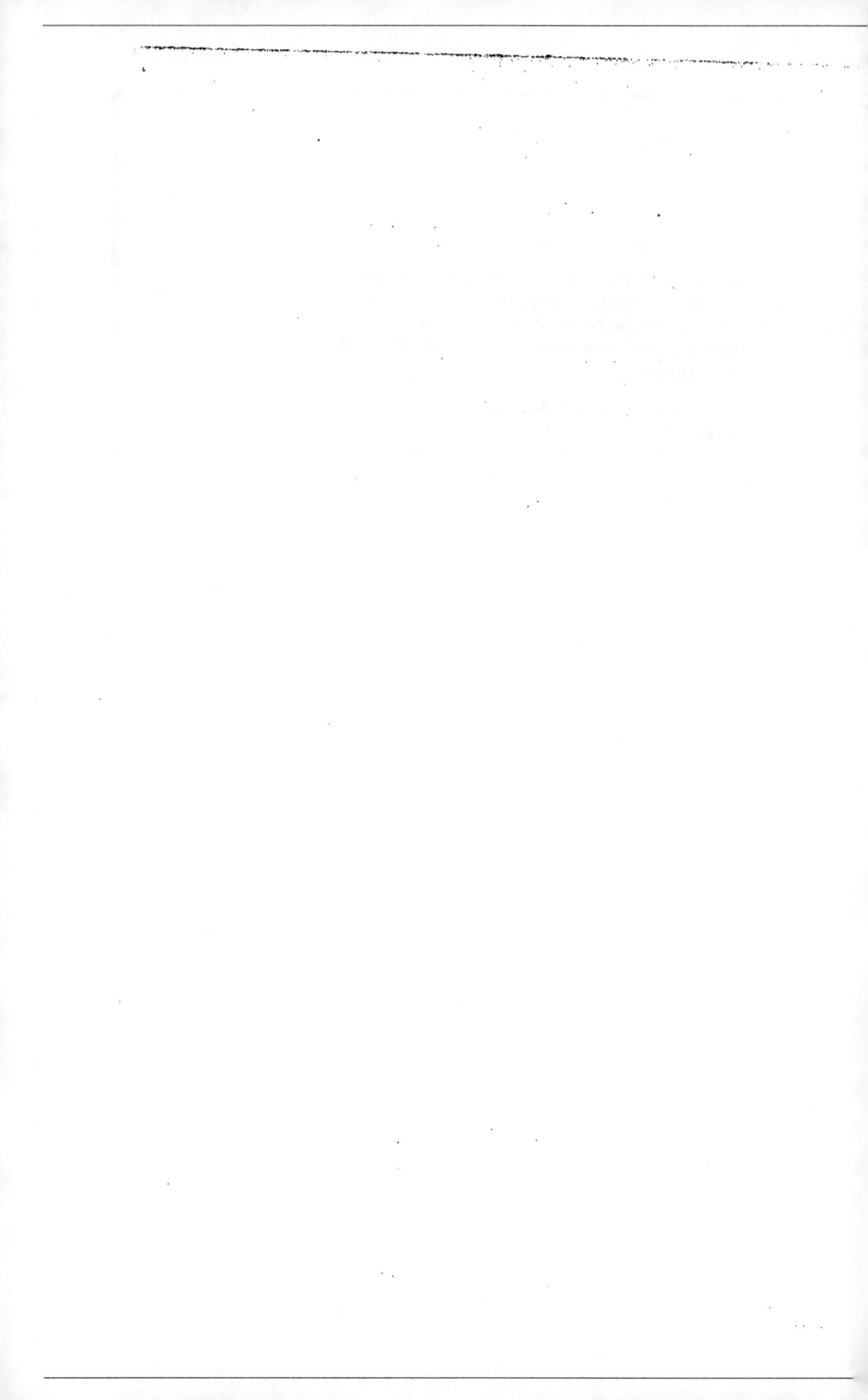

Pl.I

GRAND HÔTEL DE LA PORTE-RENART
OU DE L'ANNONCIADE.
DEMEURE DU TRÉSORIER-GÉNÉRAL JACQUES BOUCHER

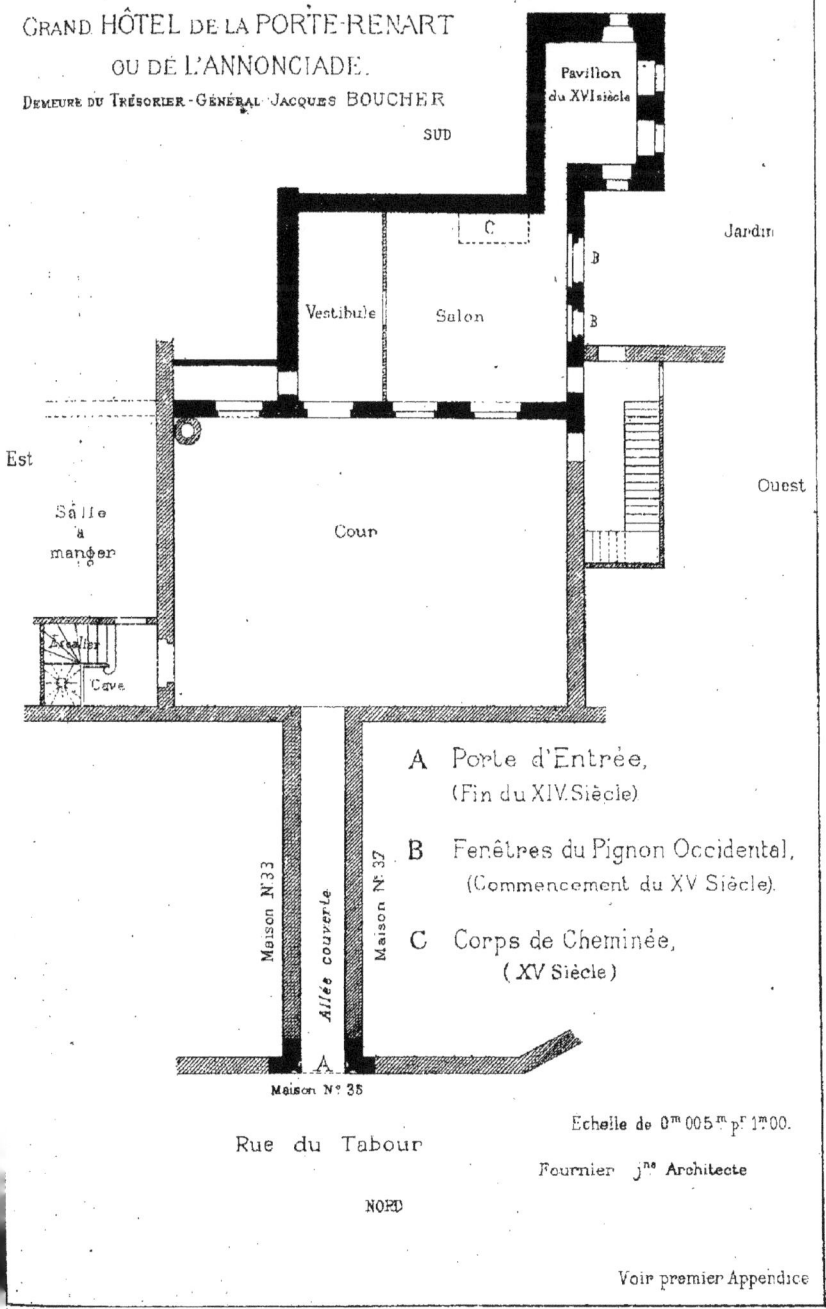

SUD

Pavillon
du XVIsiècle

C

Jardin

B

Vestibule   Salon

B

Est

Ouest

Salle
à
manger

Cour

Escalier

Cave

A   Porte d'Entrée,
(Fin du XIV. Siècle)

Maison N° 33

Allée couverte

Maison N° 37

B   Fenêtres du Pignon Occidental,
(Commencement du XV Siècle).

C   Corps de Cheminée,
(XV Siècle)

A

Maison N° 35

Rue du Tabour

Echelle de 0^m 005.^m p^r 1^m 00.

Fournier j^ne Architecte

NORD

Voir premier Appendice

Pl. II

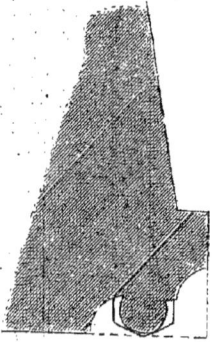

Fig 1

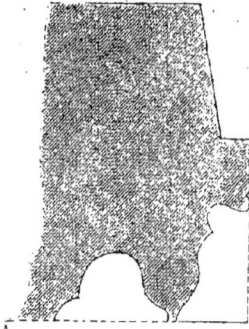

Fig. 3

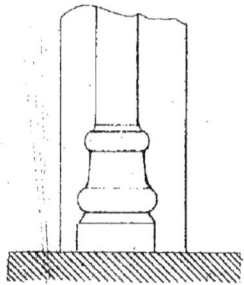

Fig. 2

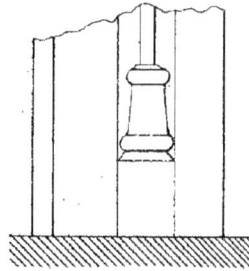

Fig. 4

Fig. 5

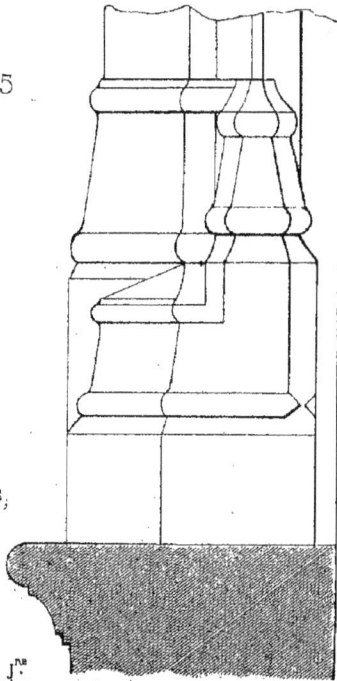

Fig. 1 & 2.
Jambage de la Porte d'Entrée sur la rue
(Fin du XIV. Siècle.)

Fig. 3 & 4.
Jambage des Fenêtres du Pignon Occidental
(Commencement du XV. Siècle.)

Fig. 5.
Tableau intérieur du Chambranle de ces fenêtres,
Coupe de l'Appui.

Échelle de 0.m20.e par mètre.

Fournier Jne
Architecte

Voir premier Appendice.

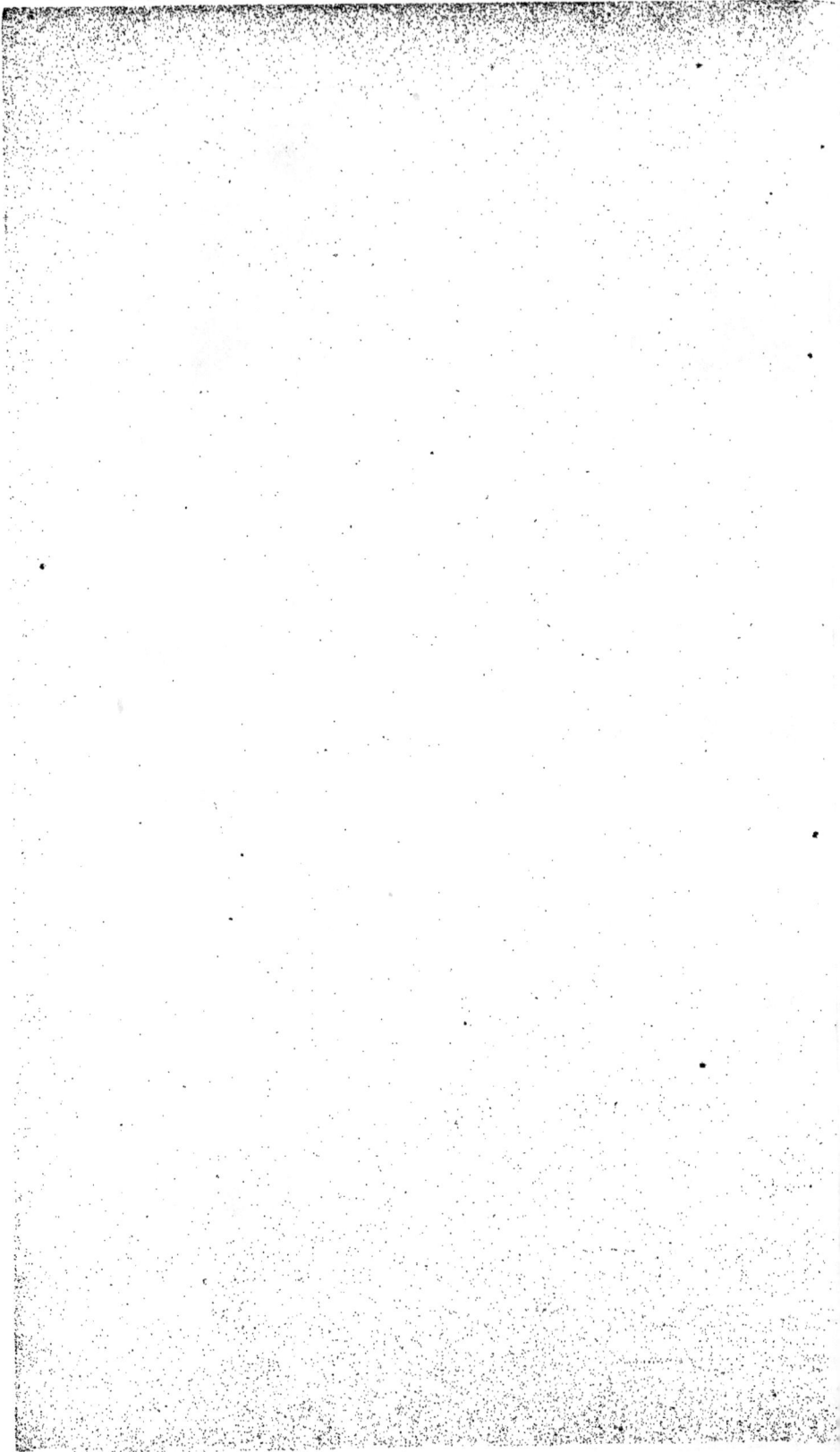

VUE D'ENSEMBLE D'UNE DES FENÊTRES DU PIGNON OCCIDENTAL, SUR LE JARDIN.
(Commencement du XV Siècle).

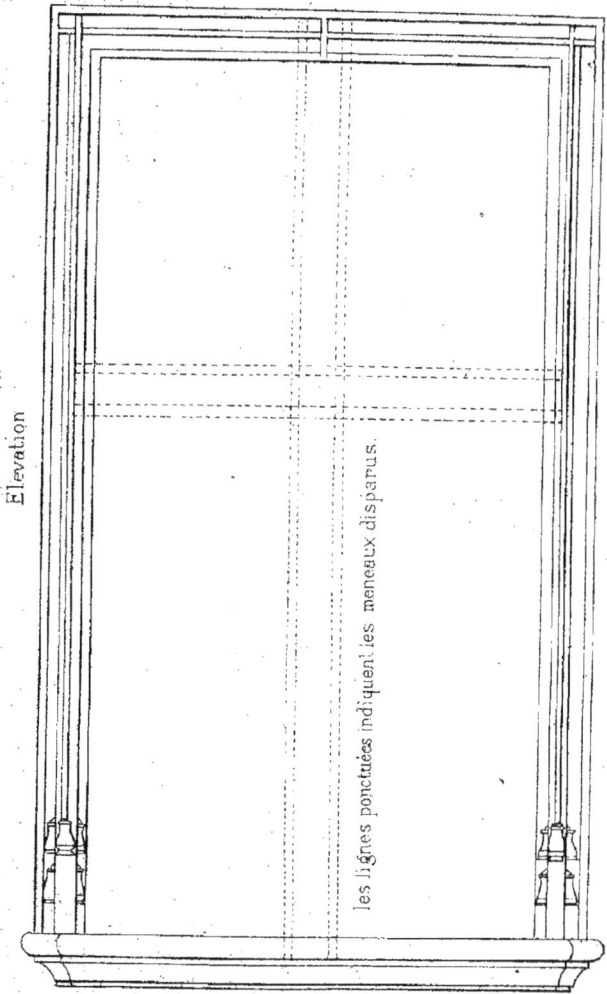

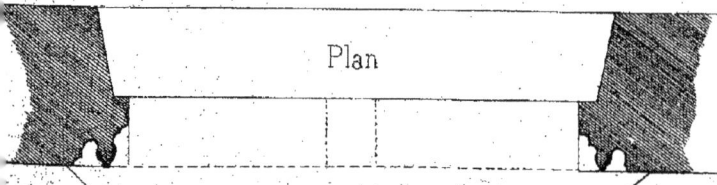

Elevation

les lignes ponctuées indiquent les meneaux disparus.

Plan

Echelle de 0ᵐ005ᵐ pᵉ 1ᵐ00

Fournier jⁿᵉ Architecte.

Voir premier Appendice.

LE TRÉSORIER GÉNÉRAL JACQUES BOUCHER

DOCUMENTS COMPLÉMENTAIRES

De précieux documents relatifs au trésorier général nous ont paru, depuis l'impression de sa notice, mériter d'être au moins signalés.

Conservés, en original, dans les archives publiques d'Angleterre, ils ont été insérés dans les *Acta publica* de Rymer (1). Leur étendue ne nous permettant pas de les reproduire en entier, nous devons nous borner à en relater la date et l'objet.

Ils consistent, pour la plupart, en sauf-conduits accordés à Jacques Boucher par Henri VI, pour aller, de France en Angleterre, conférer avec le duc d'Orléans, prisonnier, de ses affaires publiques ou privées, et lui porter les subsides nécessaires à ses besoins personnels.

Ces cédules, données à Westminster, sous le sceau privé du roi, sont libellées d'ordinaire en latin, quelques-unes pourtant en français. Formulées en termes presque semblables, elles imposent de rigoureuses prescriptions à ceux qu'elles concernent, entre autres l'expresse défense de séjourner plus d'une nuit dans les villes closes et forteresses qu'ils auraient à traverser.

Les deux premières en date ont trait à la délivrance du frère puîné du duc, Jean d'Angoulême, captif en Angleterre depuis le 12 novembre 1412, comme otage avec plusieurs autres sei-

---

(1) Thomas RYMER. — *Conventiones et acta publica....., inter reges Angliæ et....., etc.; ad originales chartas, in turri Londinensi collata....,* (10 vol. in-folio. 1740.)

gneurs, en garantie d'un prêt de 200,000 écus d'or fait par le duc de Clarence, fils d'Henri IV, aux princes d'Orléans, pour les aider à combattre la faction bourguignonne.

Charles d'Orléans désirait vivement obtenir la liberté de son frère, et, pour acquitter sa rançon, il avait donné pouvoir à ses officiers de vendre ou d'engager jusqu'à ses joyaux personnels.

Le 18 décembre 1422, un sauf-conduit daté de Westminster autorisa Jacques Boucher et quelques autres officiers du duc, parmi lesquels Jean Chenu, dont le fils Simon Chenu épousait, vingt ans plus tard, l'une des filles du trésorier général (1), à venir en Angleterre, avec six domestiques et douze chevaux, apporter l'argent et les bijoux destinés à payer la rançon du comte d'Angoulême (2).

Cinq mois plus tard, le 19 mai 1423, sur la demande adressée par le prince prisonnier au duc de Glocester, une nouvelle autorisation, dans les mêmes termes que la première, permettait à Jacques Boucher de revenir en Angleterre, accompagné de Jean Chenu, d'Hugues Perrier, auditeur des comptes, de trois autres délégués et de six serviteurs à cheval, pour traiter définitivement de la délivrance du comte d'Angoulême et le ramener en France avec eux (3).

(1) Voir ci-dessus, p. 427.
(2) RYMER, *Acta publica*, t. IV, 4ᵉ partie, p. 84.
(3) La demande du duc d'Orléans au duc de Glocester est conçue ainsi qu'il suit dans l'original :

« *Mémoire à Monsieur de Glocester du sauf-conduit pour la délivrance de Monsieur d'Angoulesme.*

« Cy ensuivent les noms de ceulx que Monsieur d'Orléans veult qui viennent de par descha, pour faire la delivrance de Monsieur d'Angoulesme et des autres ostaiges, ainsi comment le Conseil du roy lui a accordé.....

« Premièrement : Jacques Boucher,

« Regnault Pidone, — maistre Hugues Perrier, — John Mercyer, — Guillaume l'Orfèvre, — Jehan Chenu ;

« Eux douzièmes a pié ou a cheval. »

Suit, en latin, l'autorisation des membres du Conseil royal : le duc de Glocester, — l'archevêque de Cantorbery, — le comte de Warwick, etc., etc.

Puis, le texte du sauf-conduit, dans la forme ordinaire, donné par

Huit mois après — le 1ᵉʳ février 1424 (1423 ancien style), — un troisième sauf-conduit permet au trésorier général Jacques Boucher, au chancelier Guillaume Cousinot, abbé de Saint-Laumer de Blois, à Jean Chenu, à Pierre Sauvage, etc., de passer de nouveau la mer avec vingt serviteurs, pour traiter avec le duc d'Orléans d'affaires ayant trait à ses intérêts personnels (1).

La série de ces cédules officielles s'interrompt ici, durant seize années, dans le recueil de Rymer, et vraisemblablement aussi dans les archives de la Tour de Londres. Malgré cette regrettable lacune, divers faits, consignés dans nos vieux comptes de ville et dans les titres de nos archives nationales, autorisent à croire que les relations du prince captif avec les administrateurs de son apanage se continuèrent, comme par le passé, durant ce long intervalle.

Nous retrouvons, en 1440, parmi les curieux documents relatifs à la mise en liberté du duc Charles lui-même, un nouveau sauf-conduit, recouvrant, cette fois encore, sous des formules peu sincères de bienveillance et de modération, les dures exigences du cabinet britannique pour le paiement de la rançon.

Vingt-cinq ans s'étaient, en effet, écoulés depuis le jour où le jeune prince, à la fatale journée d'Azincourt, trouvé blessé parmi les morts, avait été conduit prisonnier en Angleterre.

Sa délivrance, maintes fois demandée, avait été constamment refusée ou soumise à des conditions inacceptables.

Aux solennelles conférences de Calais et de Gravelines, les délégués d'Henri VI, sous la pression de l'opinion publique, des prières du Souverain-Pontife, et des vives instances de la duchesse de Bourgogne et de son époux, consentirent enfin à rendre la liberté au noble captif ; mais sous la condition d'une rançon de cent vingt mille écus d'or, dont quarante mille écus payables dans les six mois qui suivraient sa rentrée en France, et le surplus en versements successifs à brève échéance ; le tout sous la

le roi, conformément à la demande et pour une durée de six mois. » (RYMER, *Acta publica*, t. IV, 4ᵉ partie, p. 94.)

(1) RYMER, *Ibid.*, t. IV, 4ᵉ partie, p. 85.

caution de dix grands seigneurs ecclésiastiques et laïcs, dont les noms sont inscrits dans les actes.

En cette grave circonstance, Charles d'Orléans voulut s'entourer du dévouement et des lumières de ses plus fidèles conseillers, et, sur sa demande, un sauf-conduit fut donné, le 28 octobre 1440, à trente de ses principaux officiers, parmi lesquels, à côté du nom de Jacques Boucher, autorisé à se faire suivre de dix personnes, se lisent les noms de Guillaume Compaing, de Jean et Étienne Le Fusellier, de Robin Baffart, receveur du duché d'Orléans; de Pierre Taillebois, receveur du comté de Blois; de Raymond Fricon, chevalier; de Hugues de Saint-Marc, gouverneur de Blois; de Jean de Champeaux, etc. (1).

Guillaume Cousinot, chargé d'années, avait, vers cette époque, résigné ses fonctions de chancelier.

Peu de jours après, les 2 et 3 novembre 1440, le duc Charles signait et scellait les engagements qui lui étaient imposés; et les seigneurs qui l'avaient cautionné les signaient à leur tour. Libre enfin, après vingt-cinq ans d'exil, il revoyait la terre de France, où la population l'accueillait avec enthousiasme, aimant à voir en lui un gage de la paix si ardemment désirée.

Nous eussions voulu mentionner d'une manière plus complète les documents, si intéressants pour notre histoire orléanaise, conservés aux archives de Londres et dont nos sauf-conduits sont comme le précieux corollaire; nous eussions été heureux d'y recueillir, en plus grand nombre, des détails et des noms chers à nos souvenirs.

Forcé de nous restreindre, nous avons au moins contribué, nous semble-t-il, à mettre en plus vive lumière, le généreux dévouement du trésorier général à la personne et aux intérêts de son prince, la haute considération dont le duc aimait à l'honorer, et la confiance qu'il avait en ses conseils.

(1) RYMER, *Id.*, t. V, 1re partie, p. 95.

ERRATA.

Page 20, 2ᵉ alinéa, *au lieu de :* le 1ᵉʳ août 1437, *lisez :* le 1ᵉʳ août 1448 (voir, ci-après, la note (1) de la page 90).

Page 32, note (4), *ajoutez :* et RYMER, *Acta publica*, t. IV et V.

Page 33, note (1), *ajoutez :* Voir aussi les DOCUMENTS COMPLÉMENTAIRES, ci-après, page 129.

Page 61, note (2) de la page 60, *au lieu de :* dont il a été parlé ci-dessus page 426, *lisez :* page 58.

Page 80, note (1), la garde de Chaumontais, *ajoutez :* près de Lorris.

Page 92, 1ᵉʳ alinéa, *au lieu de :* acte cité et analysé ci-dessus pages 385 et 389, *lisez :* pages 17 et 21.

Même page et même alinéa, *au lieu de :* nous l'avons déjà dit page 386, *lisez :* page 18.

Page 102, seconde ligne du titre, *au lieu de :* voir pages 60 et 66, *lisez :* voir pages 60 et 67.

Page 104, note (1), *au lieu de :* voir plus haut les curieux détails, *lisez :* voir plus haut, pages 53 et 54, les curieux détails, etc.

Page 112, note (1), voir planche Iʳᵉ, *ajoutez :* planche II, fig. 3, 4 et 5, et planche III.

Page 130, note (1), *au lieu de :* voir ci-dessus page 427, *lisez :* page 59.

Page 131, 2ᵉ alinéa, *au lieu de :* La série de ces cédules officielles..., *lisez :* La série des cédules officielles où figure le nom du trésorier général...

Même page, même alinéa, *au lieu de :* les relations du prince captif avec les administrateurs de son apanage, *lisez :* avec le principal administrateur de son apanage.

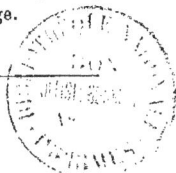

TABLE DES PLANCHES

TABLE DES MATIÈRES

PIÈCES JUSTIFICATIVES.

APPENDICES.

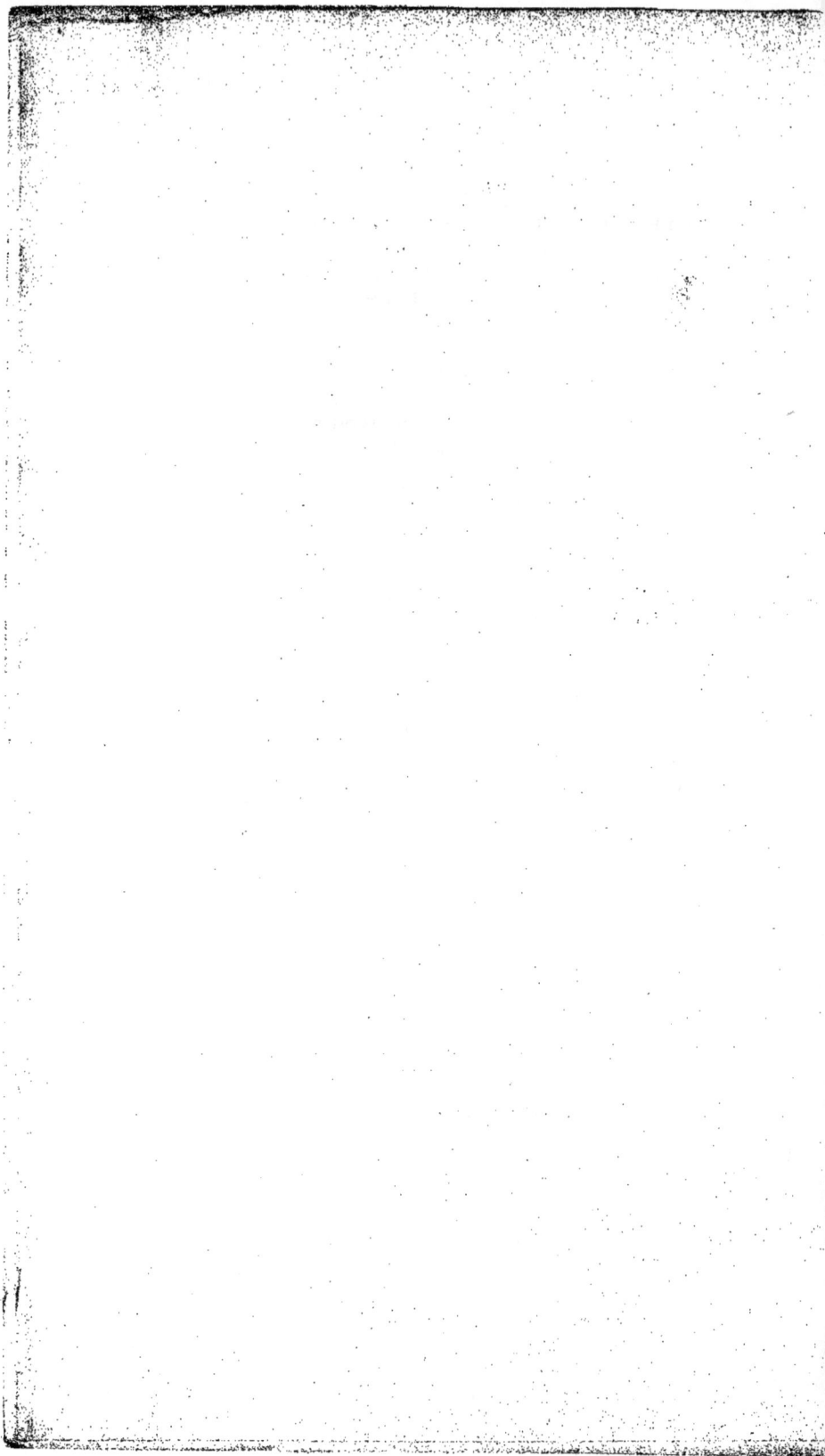

www.ingramcontent.com/pod-product-compliance
Lightning Source LLC
Chambersburg PA
CBHW072116090426
42739CB00012B/2993